Adrian Zielcke · Wilhelm Mierendorf

Unsere Schwäbische **ALB**

Wilhelm Mierendorf

UNSERE SCHWÄBISCHE

Eine Liebeserklärung

Der Autor:
Adrian Zielcke, geboren 1945 im fränkischen Neuendettelsau, kam 1954 mit seiner Familie nach Stuttgart. Studium der Geschichte und Slawistik in Tübingen und München, anschließend Besuch der Deutschen Journalistenschule. Von 1970 bis 2010 Mitglied der Redaktion der »Stuttgarter Zeitung«, seither freier Autor.

Der Fotograf:
Wilhelm Mierendorf, 1955 in Flensburg geboren, wuchs in Calw auf. Ausbildung zum Fotografen, dann zum Zeitungsredakteur. Zwölf Jahre Redaktionsfotograf bei der »Stuttgarter Zeitung«, seitdem freiberuflicher Bildjournalist für Industrie und Zeitschriften.

Bild auf der Einbandvorderseite:
Picknick auf dem Zeller Horn, mit Blick auf Burg Hohenzollern.

Vorsatzblatt vorne: Vom Restaurant »Waldcafé« bei Pfullingen bieten sich weite Ausblicke.

Seite 3: Aus dem Nebel erhebt sich Burg Teck.

Seite 4: Geheimnisvoll – Herbststimmung im Nebelwald.

Vorsatzblatt hinten: Herbstbäume
auf der Albhochfläche.

1. Auflage 2013

Umschlaggestaltung:
Christoph Wöhler, Tübingen.
Druck: Gulde-Druck, Tübingen.
Printed in Germany.

ISBN 978-3-8425-1229-0

Besuchen Sie uns im Internet
und entdecken Sie die Vielfalt
unseres Verlagsprogramms:
www.silberburg.de

Inhaltsverzeichnis

Vorwort

Die Alb ist bunt. Die Alb ist lebendig, die Alb ist fruchtbar. Die Älbler sind pfiffig, sie haben Ideen, sie sind schöpferisch. Die Schwäbische Alb ist einzigartig, die Menschen da sind es auch.

Die ältesten Kunstwerke der Menschheit sind hier ebenso zu Hause wie die kreativsten schwäbischen Köpfe der Gegenwart. Firmen mit Weltruf sind auf der Alb genauso selbstverständlich wie hochbegabte Köche. Blumen in allen Farben auf den Sommerwiesen gehören hierher wie grasende Lämmer und natürlich die Schlösser und Burgen. Die Apfelblüte am Albtrauf ist ebenso einmalig wie die erfinderischen Menschen, seien sie Schäfer, Naturschützer, Unternehmer oder Mönche!

Herbstspaziergang in verträumter Alblandschaft.

Ich liebe die Schwäbische Alb – die Alb und ihre Menschen.

Wer aus der Stadt kommt, und die Alb ist umgeben von Städten – Stuttgart, Tübingen, Reutlingen, Ulm, Aalen –, wer also aus der Stadt kommt und hinauffährt auf die Alb, der erlebt dort eine andere Welt. Obwohl sie so nahe ist. Diese andere Welt vertreibt die Alltagssorgen, sie zieht Einheimische wie Besucher hinein in ihren Bann, in ihre spannende Gegenwart. Nirgendwo sonst in Mitteleuropa sind Natur, Geschichte und Gegenwart eine solch faszinierende Verbindung eingegangen. Nirgends sonst wird die Natur so geachtet, respektiert und gehütet wie auf der Alb. Tiere und Menschen erhalten die Landschaft. Schafe, Ziegen, Büffel, Bienen und Raubvögel helfen dem Menschen, das einmalige Gesicht der Alb zu erhalten.

Mögen alle anderen in den Süden fliegen, sich im Sommer am Strand sonnen, ich selbst bin zu jeder Jahreszeit auf meiner geliebten Alb, in den Wäldern, in den Thermen, auf den Wiesen, in den Höhlen, in den Dörfern und in den Städten – nicht zu vergessen in den wunderbaren Gasthäusern. Kein anderes Mittelgebirge in Europa bietet eine solche Vielfalt wie die Schwäbische Alb. Ihre Gütesiegel sind drei UNESCO-Prädikate: Sie ist UNESCO-Geopark, sie ist ausgewiesenes UNESCO-Biosphärengebiet, und der Limes zählt zum Weltkulturerbe.

Dagegen stehen zähklebrige Klischees: Die Alb ist karg, die Alb ist rau, die Alb ist kalt. Die Älbler sind eigen, soll heißen: Sie sind von gestern oder: Sie ticken nicht ganz richtig. Alle diese Klischees sind leider tausendmal aufgeschrieben und von Generation zu Generation weitergegeben worden. So lange, bis viele Bewohner der Alb selbst wie auch viele Besucher der Alb diese Klischees geglaubt haben. Solche negativen Beschreibungen haben sich festgefressen, obwohl sie mit der Wirklichkeit

kaum etwas zu tun haben! Denn jeder, der sich wie ich auf den Weg über die Alb macht, erlebt Landschaften und Jahreszeiten, die er nicht vergisst, und Menschen, die sich ins Herz einprägen.

Bei vielen Wanderungen und bei vielen Gesprächen auf der Alb ist dieses Buch entstanden, ein Buch über eine oft verkannte Region. Wie es sich für eine Liebeserklärung gehört, ist diese Beschreibung der Alb subjektiv, sie ist kein Lexikon. Aber das Buch trifft den Kern der Alb, das Wesen der Menschen. Die Älbler können sich selbstbewusst über ihre Alb freuen, sie können stolz sein auf ihre Heimat. Sie öffnet sich dem Fremden so selbstverständlich, dass er immer wieder hierherkommt und sein Blick weiter und offener wird. ■

Höher geht's nicht: auf dem Lemberg-Turm.

Das Freilichtmuseum bietet für jeden etwas: hier ein alter Heuwagen.

Gegenüberliegende Seite: So sah anno dazumal die »gute Stube« aus.

»Um 14 Uhr lassen wir hier die Sau raus!«, sagt Walter Knittel stolz. »Das ist ein einzigartiges Angebot, das kein anderes Freilichtmuseum zu bieten hat.« Die historische Schweinehut mit Tieren aus der Schwäbisch-Hällischen Zucht sollte sich in der Tat kein Alb-Liebhaber entgehen lassen. Die Schweine durchs Dorf zu treiben, ist ein Erlebnis besonderer Art, das aus der Vielzahl an Angeboten in Neuhausen ob Eck herausragt.

Zuvor stärke ich mich in dem schönen Museumsrestaurant »Ochsen«, einem Gebäude aus dem 18. Jahrhundert, mit gekochtem Rindfleisch, Meerrettichsoße und »Boda-Bira«, also Kartoffeln, und dann geht's los. Angelika Hepfer, die junge Schweinehüterin, sammelt Äpfel, die von den Bäumen gefallen sind, Schulklassen stoßen hinzu, und wir gehen zu den zehn Schweinen, die sich im Freien tummeln. »Früher hat man anders als heute das Futter nicht zu den Tieren gebracht«, erzählt Angelika fachkundig, »nein, früher haben die Bauern die Schweine zum Futter gebracht, aufs Feld, in die Wiesen, in den Wald.« So wie jedes Dorf seine Gänsemagd hatte, so gab es auch die Schweinehüter, die für Pflege und Ernährung der Tiere verantwortlich waren. Die Bauern waren arm, die Tiere wertvoll. »Morgens hat der Schweinehirt in ein Horn geblasen und alle Schweine des Dorfes eingesammelt, denn in den Ställen gab es weder Wasser noch Futter.« So ziehen wir mit Angelika und den Schweinen durchs Dorf, sie klappert mit dem Eimer, die Tiere folgen ihr bereitwillig. Schweine sind nicht dumm, sie wissen, dass sie zu essen bekommen, wenn Angelika auftaucht und sie über den Marktplatz in den Wald treibt. »Die Böden waren und sind steinig, daher der Ausdruck ›steinreich‹«, sagt Angelika, »aber Weideflächen gab es früher genug, sonst hat man einfach den Wald gerodet. So ist die Landschaft der Alb entstanden.«

Die Tiere haben eine schwarz-rosafarbene Haut mit Borsten. Bis zu hundert solcher Tiere musste damals ein Schweinehüter pflegen. Die Schweinehüter waren und sind auch bei der Geburt der Ferkel dabei. Gerade mal ein halbes Jahr alt sind einige der Schweine. Dann klopft Angelika mit dem Griff des Eimers auf den Kübel und ruft den Schweinen zu: »Jetzt gehen wir spazieren!« Alle Tiere beeilen sich und kommen mit. Die Kinder der Schulklasse sind begeistert. Sie trauen sich, die Tiere anzufassen, und in der Tat lassen sich die Schweine streicheln, manche bekommen gar nicht genug von den Zärtlichkeiten der Schüler.

Wir wandern quer über den Marktplatz des Freilichtmuseums mit dem Pfeiffer'schen Kaufhaus, dem Stolz des Museums. Hier kann man tatsächlich einkaufen wie vor hundert Jahren. Dabei war es noch bis 1995 in Betrieb! Das »Kaufhaus Pfeiffer« wurde ab 2007 aus Stetten am kalten Markt hierhertransportiert. Von Ende Oktober 2008 an wurde es Stockwerk für Stockwerk wieder aufgerichtet. Es steht jetzt direkt am Dorfplatz des Freilichtmuseums neben dem »Schul- und Rathaus«. Das Kaufhaus ist ausgestattet mit der originalen Ladeneinrichtung aus dem Jahr 1925, die mit Tausenden originaler Waren und Verpackungen aus den letzten Jahrzehnten praktisch unverändert gezeigt wird. Zusätzlich ist in dem Gebäude ein neuer Museumsladen im Stil der Fünfzigerjahre eingebaut, in dem die Museumsbesucher besondere Produkte einkaufen können.

An der Dorfkirche vorbei klappert Angelika wieder, Schweine und Kinder ziehen weiter in den Wald, auf die Waldweide. Es sind vier vierte Klassen aus Worblingen bei Singen, sie haben selten so schöne Schultage verbracht wie hier in Neuhausen, wo die bäuerliche Vergangenheit so lebendig ist. Die Schweine fressen Bucheckern und Eicheln. Deshalb werden sie vorwiegend im Herbst in den Wald getrieben, wenn Eckern und Eicheln reif sind. Aber sie fressen auch Wurzeln, Engerlinge und Blätter. »Sie putzen den Wald!« Der Wald gehörte damals der Gemeinde. Am Viehbrunnen, der ein wenig abseits steht, bekommen die Tiere zu trinken. »Sie saufen wie die Schweine«, sagt Angelika fröhlich. In der Tat schlucken und grunzen die Tiere laut und stoßen ungeniert auf. »Es gab den Leutebrunnen für die Dorfbewohner und weit entfernt davon den Viehbrunnen. Die Schweinehirten waren fast ausschließlich Männer, es war ein harter Job, denn sie mussten bei jedem Wetter hinaus. Sie waren meistens so arm, dass die Bauern ihnen Kleidung gaben, ja geben mussten, sonst hätten sie ja nicht hinausgekonnt. Und wer wie die Hirten kein Geld hatte, der durfte auch nicht heiraten. Die Hirten haben bei den Schweinen übernachtet, sie waren dreckig, sie stanken, sie waren sehr unbeliebt!« Die Schweine suhlen sich während unseres Gesprächs, wie sich nur Schweine im nassen Dreck suhlen können – ein herrliches, ein unvergessliches Erlebnis für Kinder in unserer aseptischen Zeit.

Kaum jemand kennt sich auf dem Museumsgelände, ja, in der ganzen Region so gut aus wie Walter Knittel, der das Museum fast seit seinen Anfängen vor zwanzig Jahren leitet. Er hat Sozialgeschichte studiert und ist selbst begeistert von »seinem« Museum, den vielfältigen Angeboten, ein Tummelplatz der Freizeitmöglichkeiten für zahllose Besucher. Am Anfang musste man sich auf die Suche nach historischen Häusern machen. Heute erhält das Freilichtmuseum mehr Angebote, als es annehmen kann. Die Alb, die Region Obere Donau, der Schwarzwald, der nördliche Bodenseeraum gehören zum Einzugsgebiet, so dass heute fünfundzwanzig Häuser aus ganz unterschiedlichen Gegenden in Neuhausen ob Eck stehen. 12 000 Schulkinder kommen jährlich, das kulturelle Angebot ist schier unerschöpflich.

Auch der Wald ist ein wichtiges Thema, er bot früher Nahrung und Schutz – war aber auch gefährlich, weil sich die Räuber dort verbargen. Und die Liebenden gingen dorthin zum »Wäldele«. In der Etymologie des Schwäbischen von Hermann Wax bedeutet »wäldele go«: »poussiera«, »uff d' Karess ganga«, »Mögerles doa«, »Schöamehl schwätza«, »flattiera«.

Das Freilichtmuseum lädt auch ein zu Aufführungen, Schauspieler aus dem Theater Lindenhof kommen gerne her. Und wenn es die »Mundartgespräche auf dem roten Kanapee« gibt, dann kommt auch der Mundartdichter Guido Wolf. Er war der Landrat von Tuttlingen und ist inzwischen zum allseits akzeptierten und anerkannten Präsidenten des Landtags von Baden-Württemberg aufgestiegen.

Das Freilichtmuseum Neuhausen ob Eck – ein lebendiger Treffpunkt für Jung und Alt! ■

Gegenüberliegende Seite: Schwäbisch-Hällische Landschweine werden durchs Freilichtmuseum getrieben.

Immer weniger Kinder bewegen sich heute in der Natur. Jedes Schulkind kann sich heute zu Hause auf dem PC die ganze Welt untertan machen, jeder Junge kann als Ego-Shooter das Böse besiegen, er kann sich bequem am Computer zu Hause als nahezu allmächtig empfinden – ohne jede körperliche Anstrengung. Aber wenn dasselbe zwölfjährige Schulkind einmal unversehens ins Wasser fallen sollte, bricht augenblicklich Panik aus. Niemand weiß so recht, was dann zu tun ist!

Nicht nur der Übung halber ist es wichtig, dass auf der Donau gepaddelt wird. Denn viele Menschen haben es verlernt, sich draußen in der Natur so zu verhalten, dass sie zugleich auch geschützt wird und der Respekt vor der Schöpfung wächst. Für viele Heranwachsende ist heute die virtuelle Welt, die sie sich im PC zusammenbasteln, realer als die Wirklichkeit. Dabei ist es, da hat Nicole Friemauth recht, für Kinder sehr wichtig, dass sie in der Gemeinschaft die Natur erleben und in der Natur etwas zusammen erleben. Und auch dass sie lernen, keinen Müll in die Natur zu werfen.

Viele Schulklassen machen Fahrten nach London oder nach Berlin. Aber einige Stunden zusammen in einem Boot auf der Donau zu sein, das verbindet besonders, das schweißt zusammen. Und natürlich fallen Schüler auch immer einmal wieder ins Wasser, wenn sie versuchen, Boote der Klassenkameraden zu entern. Das ist auch eigentlich nichts Schlimmes, nur ist es heutzutage für viele ungewohnt, mit einer solchen Situation umzugehen.

Es gibt kaum ein schöneres Erlebnis als auf der oberen Donau zu paddeln, beispielsweise von Thiergarten aus oder von Schloss Gutenstein. Dort fahre ich hin. Johnny weist mich ein, fast eine Stunde dauert dieser Vorgang auf der Wiese: Wie paddle ich, wie umgehe ich Wehre, was mache ich, wenn ich ins Wasser falle, was kann ich tun, damit ich nicht ins Wasser falle, was kann ich tun, wenn ich ein Paddel verliere. Danach erhalte ich eine Schwimmweste und Paddel, wir suchen gemeinsam ein Boot aus und – hinein in das schlingernde Vergnügen, das doch gleichzeitig so familienfreundlich ist wie kaum ein anderes. Das Einsteigen will genauso geübt sein wie das Aussteigen. Für mich zumal, denn ich traue mich ja nicht einmal auf ein normales Fahrrad!

Der schwäbische Grand Canyon, das Donautal.

Aber Nicole Friemauth von der Firma »Out & Back« in Sigmaringen hat mir schon zuvor genau erklärt, dass sich in einem Zweierboot möglichst nicht beide Paddler nach einer Seite wenden sollten. »Ja, das kommt vor, dass Leute ins Wasser fallen. Sie können dann in Sigmaringen auf unserem Campingplatz kostenlos duschen.« Man darf ja nie über ein Wehr fahren, diese kleinen Wasserfälle. Man muss das Boot aus dem Wasser nehmen, es über die Wiese tragen und nach dem Wehr wieder zur Bootsrutsche, dort die Ampel auf Grün stellen und dann geht es weiter. Immerhin, so ein Boot wiegt rund 100 Kilogramm, da ist es besser, wenn man zu zweit ist. Wirklich gefährlich ist das Paddeln nicht, schon Kleinkinder im Alter von einem halben Jahr fahren hier mit. Und die Donau muss einen Mindestpegel von 53 Zentimetern haben, damit die Boote überhaupt ins Wasser dürfen. »Hier bei uns ist das Paddeln gemütlich, anderswo ist es als Rafting ein Abenteuersport, aber hier an der oberen Donau ist es ein Familienausflug.«

Wer dagegen seine Grenzen erfahren möchte, ist am Campingplatz Sigmaringen bei Familie Friemauth ebenfalls richtig gelandet: »Die Luft ist raus? Brauchen Sie einen kräftigen Schub nach vorne? Dann sind Sie reif für das ultimative Outdoor-Erlebnis, in Sigmaringen im ›Naturpark Obere Donau‹. Mit allem, was das Abenteuer-Herz für einen Kick braucht: Hochseilparcours, Kletterwand,

Entspannung pur: Paddeln auf der Donau.

Giant Swing, Pamper Pole und Himmelsleiter. In einer Höhe zwischen 90 Zentimetern und zehn Metern über dem Boden bewegen Sie sich über verschiedene Wege von einer Plattform zur nächsten. Sie werden über Balken, Baumstämme, Taue oder über Autoreifen balancieren und schwingende Seilkonstruktionen überwinden. Unterschiedliche Schwierigkeitsstufen werden alleine oder im Team bewältigt. Ungeahnte Kräfte werden mobilisiert. Ihre Knie werden zittern, der Puls wird rasen und die Hände werden nass sein. Sie benötigen eine Portion Mut, Körperbeherrschung, volle Konzentration und Abenteuergeist. Sicherheit hat hier absolute Priorität!« Auch heute suchen Menschen Abenteuer!

Die Bootssaison geht von Mai bis Anfang Oktober, dann ist die Donau für Boote gesperrt. Der unglaublich schöne Donaudurchbruch am wunderschönen Kloster Beuron ist für Boote nie offen, da dort sonst das Brut- und Balzverhalten der Tiere gestört werden würde und Wasserpflanzen in Gefahr wären. Wer die Natur in Mitteleuropa schützen will, muss Einschränkungen und Regeln ertragen können. Nicole Friemauth meint dazu: »Es gibt Anbieter, da werden Sie nicht so gründlich und nicht so persönlich wie bei uns eingewiesen, nicht so gründlich auf den Schutz der Natur aufmerksam gemacht. Aber wir legen großen Wert darauf, dass unsere Kunden – Kinder, Erwachsene, Schulklassen – den notwendigen Respekt vor der Natur bekommen.«

Bis mittags müssen die Boote im Wasser sein, damit sie ihre Ziele am späten Nachmittag erreicht haben. Die Zeit vergeht schnell beim Paddeln. Das Ziel, den Campingplatz in Sigmaringen, erreichen wir nach mehreren Stunden trocken und gemütlich – je nach Wasserstand kann es auch länger dauern. Und bis dann die Ausrüstung zurückgegeben ist, sind doch einige Stunden vergangen, zumal man auf der Strecke haltmachen, grillen oder einkehren kann. Unterwegs hat man wunderbare Ausblicke, schroffe Felsen, Ruinen, Wälder in der Farbe der Jahreszeiten; der »Grand Canyon« ist hier genauso schön wie in Amerika! Also: offen sein für neue Erlebnisse, für neue Ausblicke vom Wasser aus.

Aber natürlich lässt es sich an der Donau auch herrlich wandern oder radeln. Der Donauberglandweg führt vom Lemberg, dem höchsten Berg der Alb, in mehreren Etappen bis ins Donautal nach Beuron, ein Kloster, das zu besichtigen sich niemand entgehen lassen sollte.

Die Donau, der zweitlängste europäische Fluss nach der Wolga, ist hier, kurz nach der Vereinigung von Brigach und Breg bei Donaueschingen, noch jung. Aber der Fluss gräbt sich schon seit 40 Millionen Jahren durch die Schwäbische Alb – was eine großartige Landschaft geschaffen hat. Bis zu 300 Meter hoch sind die schroffen Abhänge, durch die sich der Fluss gefressen hat. Oben auf dem Knopfmacherfelsen hat man den schönsten Ausblick auf Schloss Bronnen hoch über dem Donautal.

Unvergessliche Abenteuer, unvergessliche Ausblicke! ■

Die Stadt Sigmaringen hat ihre eigene Geschichte, eine Geschichte, die sie bis heute prägt. Selbst im 21. Jahrhundert wirkt Sigmaringen wie eine intakte Residenzstadt. Seit dem 16. Jahrhundert haben die katholischen Fürsten von Hohenzollern das Leben in ihrem kleinen Reich, den späteren Hohenzollernschen Landen, bestimmt – und in gewisser Weise tun sie das auch heute noch. Fürst Karl Friedrich wird in der Stadt respektvoll »Seine Hoheit« genannt, seine Frau, Fürstin Katharina, ist ebenso selbstverständlich »Ihre Hoheit«.

Der Fürst lebt heute, nicht in der Vergangenheit, aber er pflegt sein Erbe. Die Fürstin ist da ganz an seiner Seite. Kürzlich hat sie eine sehr erfolgreiche Ausstellung entworfen: »Kleidung. Macht. Geschichte!« Da können wir im Fürstlichen Museum ihr Brautkleid von 2010 bewundern, sehr schön, sehr schlicht. Eine wunderschöne Krone aus puren Diamanten wird ergänzt mit Drucken von Andy Warhol, der nicht nur Dosen in Drucken vervielfältigt hat, sondern auch das Konterfei von Friedrich II., dem großen Preußenkönig.

»Ja«, sagt Karl Friedrich, »ich bin der Stadt und dem Land hier sehr verbunden. Zu meinem 60. Geburtstag habe ich die Goldene Bürgermedaille aus der Hand des Landrates Dirk Gaerte erhalten. Darauf bin ich sehr stolz. Hier bin ich zur Grundschule gegangen, hier habe ich die mittlere Reife gemacht, bevor ich in die Schweiz in ein Internat gegangen bin. Hier war ich Soldat in der Stauffenberg-Kaserne, die geschlossen werden soll, und in Münsingen. Hier bin ich verwurzelt.«

Fürst Karl Friedrich hat sein Leben angenommen, seine Lebensaufgabe, er ruht in sich. »Ich bin Unternehmer mit sehr viel mehr Lasten als andere. Wir müssen viel mehr als andere Unternehmer in Bereiche investieren, die sehr viel Geld kosten und relativ wenig einbringen.« Gemeint ist natürlich das schöne riesige Schloss mit seinen 462 Zimmern! »Mein Leben ist meiner Aufgabe gefolgt, das Schloss kann ich nur dann erhalten, wenn ich erfolgreich wirtschafte.«

Das Ziel des Fürsten und der Fürstin ist es, die Zahl der Besucher des Schlosses zu steigern. Die Fürstin, deren Kreativität der Fürst offen bewundert, hat intensiv an der parallel zur Gartenschau Sigmaringen gezeigten Ausstellung gearbeitet. Sie arbeitet des Weiteren an Projekten, die das Schloss Sigmaringen für Besucher noch attraktiver machen sollen, als es schon ist. Auf die Burg Hohenzollern kommen jährlich rund 200 000 Besucher. Jeder in Deutschland kennt diese Burg, die den Häusern Preußen

Aller Ehren wert: Fürst Karl Friedrich zeichnet verdiente Mitarbeiter aus.

und Hohenzollern gemeinsam gehört. Nach Sigmaringen kommen bisher rund 80 000 Besucher jedes Jahr. »Es ist schwer, mehr Besucher anzulocken. Einerseits ähneln sich am Ende alle Burgen und Schlösser, sie sind Zeugnisse der Vergangenheit, manche sind Ruinen, manche sind gut erhalten – die Burg Hohenzollern ist ja erst im 19. Jahrhundert aufgebaut worden –, und andererseits lässt sich in diesen alten Räumen meist sehr gut die Pracht zeigen, in der der alte Adel gelebt hat.«

Schloss Sigmaringen liegt auf einem Fels hoch über Donau und Stadt. Ursprünglich stand hier eine Burg. Der Turm in der Mitte des Schlosses stammt noch aus dem 12. Jahrhundert! Die Burg und später das Schloss wurden mehrfach umgebaut. Sein heutiges Aussehen erhielt das monumentale Schloss am Ende des 19. Jahrhunderts, nachdem es fast vollständig durch einen Brand zerstört worden war. Die Besichtigung lohnt sich! Säle und Zimmer sind prächtig ausgestattet. Wertvolle Möbel, kostbare Gobelins, Bilder, Porzellangeschirr und Figuren geben einen plastischen Eindruck von dem Reichtum der Fürsten von Hohenzollern. Allein die Waffensammlung gehört zu den größten ihrer Art.

Der Fürst spricht ruhig, er raucht bedächtig seine Pfeife, er überlegt, bevor er redet, und dann spricht er sehr klar, sehr präzise: »Wir sind hier auf der Alb geblieben, wir sind heute die Träger des Namens Hohenzollern. Es ist eine ganz besondere Landschaft hier. Mein Vater war Flieger, wir sind über die Alb geflogen, ich selbst fahre Motorrad und erlebe die Alb ganz direkt. Es sind die großen Gegensätze hier: ein zarter Frühling, ein harter Winter, die prägen das Land und seine Menschen.« Und stolz sagt Fürst Karl Friedrich: »Die Menschen auf der Alb sind sehr erfolgreich, sie hatten nichts, was sie vom Arbeiten abgelenkt hat. Nehmen Sie die Familie Schwörer, der Vater war Kirchenmaler, er ist erblindet, er musste seine Kinder in Oberstetten durchbringen. Vier Söhne haben studiert, alle sind erfolgreiche Unternehmer geworden, das ist bewundernswert. Die Härte und das Schöpferische

Reinemachen in herrschaftlichem Ambiente im Schloss.

gehen auf der Alb eine einzigartige Verbindung ein. Wer nur dasitzt und keine Ideen hat, der geht hier unter.« So ist es.

Anfang des 18. Jahrhunderts hatte der damalige Fürst Meinrad II. die Idee, im Lauchert-Tal eine Eisenschmelze einzurichten und Erze abzubauen. Zunächst wurde hier oberirdisch gefundenes Bohnerz verhüttet. Bereits 1715 wurden die Fürstlich Hohenzollernschen Hüttenwerke als bestes Eisenwerk in Schwaben bezeichnet. Später legte das Unternehmen seinen Schwerpunkt auf die Metallverarbeitung. Heute ist die Firma *Zollern* GmbH und Co. KG auf einigen Gebieten Weltmarktführer, sie beschäftigt 3200 Mitarbeiter und macht mehr als 500 Millionen Euro Umsatz im Jahr. »Ich habe die Firma stark ausgeweitet, wir haben gute Ideen und ein sehr gutes Management«, sagt der Fürst. Zu seinem 60. Geburtstag hat er folgerichtig ein Buch mit 3200 Unterschriften erhalten, alle Mitarbeiter der Firma Zollern haben ihm gratuliert. Eine solche Anerkennung erhält nicht gerade jeder Unternehmer!

Vor mehr als zehn Jahren ist der Fürst auch nach China gegangen. »Wir produzieren dort einfach zu bedienende Getriebe für Windkraftwerke, das geht sehr gut.« Mit dem Erfolg der Unternehmensgruppe »Fürst von Hohenzollern« kann Fürst Karl Friedrich nicht nur das Schloss erhalten, er kann sein Erbe auch vermehren. »Man muss offen sein für Neues, wir müssen kreativ sein. Deshalb habe ich mich vor einigen Jahren in Heidelberg an einer Firma beteiligt, die jungen Start-up-Unternehmen Kredite gibt, während sich umgekehrt unsere Firma an ihrer Neugründung beteiligt. Das läuft ganz gut und wir fördern erfindungsreiche und tatkräftige junge Unternehmer.« Seine Grundhaltung hat Fürst Karl Friedrich Recht gegeben und ihm Erfolg gebracht.

Fürst Karl Friedrich sieht sich als Glied einer langen, einer sehr langen Kette. Immerhin lässt sich der Name Hohenzollern mehr als 950 Jahre auf der Alb zurückverfolgen. Und er setzt sich fort: »Mein Sohn Alexander Erbprinz von Hohenzollern hat

sein Studium beendet, aber bevor er hier in unsere Unternehmen eintritt, will er erst noch in anderen Firmen Erfahrungen sammeln. Er arbeitet sich ein, er ist ja gerade fünfundzwanzig Jahre alt.« Die Generationenfolge funktioniert im Hause Hohenzollern. Das Erbschaftsrecht schreibt vor, dass der älteste Sohn den gesamten Besitz erbt, sodass er nicht in jeder Generation geteilt wird, während manche Unternehmen infolge der Aufteilung an viele Erben handlungsunfähig geworden sind.

Karl Friedrich Fürst von Hohenzollern alias Charly ist begeisterter Jazzmusiker – er singt und spielt Saxophon und Gitarre. Schon während des Wirtschaftsstudiums in der Schweiz hat er einmal wöchentlich die Berner Swiss Jazz School besucht. Mit seiner Band »Charly and the Jivemates« hat er regelmäßige regionale Auftritte.

Der Fürst eilt nach unserem Gespräch im Schloss in die Stadt, denn es geht um die Zukunft des Flugplatzes, der für Sportler und für Unternehmer in Sigmaringen sehr wichtig geworden ist. Er engagiert sich auf vielen Feldern, er übernimmt auch Ehrenämter, wenn sie für ihn persönlich wichtig sind, er engagiert sich auch politisch. »Man muss als Unternehmer Flagge zeigen, wir brauchen auch den Kontakt zur Politik.«

Fürst Karl Friedrich von Hohenzollern – ein Bürger seiner Stadt. ■

Blick vom Hof des Schlosses Sigmaringen auf die Türmearchitektur.

Gegenüberliegende Seite: Residenz der Fürsten von Hohenzollern – Schloss Sigmaringen.

Tradition Textilherstellung

Feine Anzüge: Studenten der Fachhochschule Albstadt-Sigmaringen erforschen neue Textil-Technologien.

Gegenüberliegende Seite: Bunte Welt – Mit diesen Stoffen experimentieren die Studenten.

Schafe gehören zur Alb, Weiden, Höhlen, Berge und Burgen. Das weiß ja jeder. Aber »hidden champions«? Weltmarktführer?

Auf den allerersten Blick fällt mir Voith ein, Weltmarktführer bei Turbinen. Die Firma sitzt in Heidenheim. Dann WMF in Geislingen und Steiff in Giengen an der Brenz. Liebherr in Ehingen, es ist eine gigantische Landschaft bei Ehingen, wo sich hundert Kräne in die Luft recken. Und LEKI in Kirchheim unter Teck. Selbstverständlich ebenfalls Weltmarktführer.

Wer immer noch glaubt, auf der Alb leben Menschen, die etwas rückständig sind, zurückgeblieben

und eigen, der täuscht sich und sitzt einem tiefen Vorurteil auf, das mit der Wirklichkeit nichts zu tun hat. Es dürfte selten eine solche Kulturlandschaft wie die Alb in Europa geben, in der sich so viele kreative und tatkräftige Tüftler und Unternehmer zusammengefunden haben. Sie behalten auch in den Zeiten der Globalisierung ihren Sitz auf der Alb, ja, sie sind stolz auf ihre Alb. Zu Recht.

Aber was ist mit der Textilindustrie? Was ist aus der Textilhochburg Schwäbische Alb geworden? Wolfgang Grupp hat eine Ausnahmestellung. Der »König von Burladingen« produziert auf der Alb, er macht auf seine eigenwillige Weise hervorragende Werbung für seine Marke Trigema und zeigt, dass man immer noch in Deutschland normale Baumwollwäsche herstellen kann. Ebenso die bekannte Firma Mey in Albstadt.

Es ist wahr, viele alte Textilfabriken haben geschlossen. Manche Gebäude stehen leer, andere sind umgenutzt worden. Aber die Textilien, die heute in Osteuropa hergestellt werden, werden doch mit Maschinen von der Alb hergestellt: von Weltmarktführern wie Mayer & Cie., die Rundstrickmaschinen in Albstadt produzieren. Und Groz-Beckert mit Sitz im Albstadter Stadtteil Ebingen ist Weltmarktführer im Bereich Industrienadeln. Das ist praktisch, denn die Nadeln für die Rundstrickmaschinen von Mayer & Cie. kommen direkt aus der Nachbarschaft!

Rainer Mayer führt das Unternehmen Mayer & Cie. in der dritten Generation. Der Großvater hatte eine Fahrradwerkstatt. Rainer Mayer führt den Aufstieg seines Unternehmens wie die anderer auf die Armut auf der Alb zurück. »Der Ackerbau hat die Menschen nicht ernähren können. Armut war weit verbreitet. So kam es, dass im 19. Jahrhundert die ersten Strickmaschinen für Pullover, die in Frankreich erfunden worden waren, hier auf der Alb nachge-

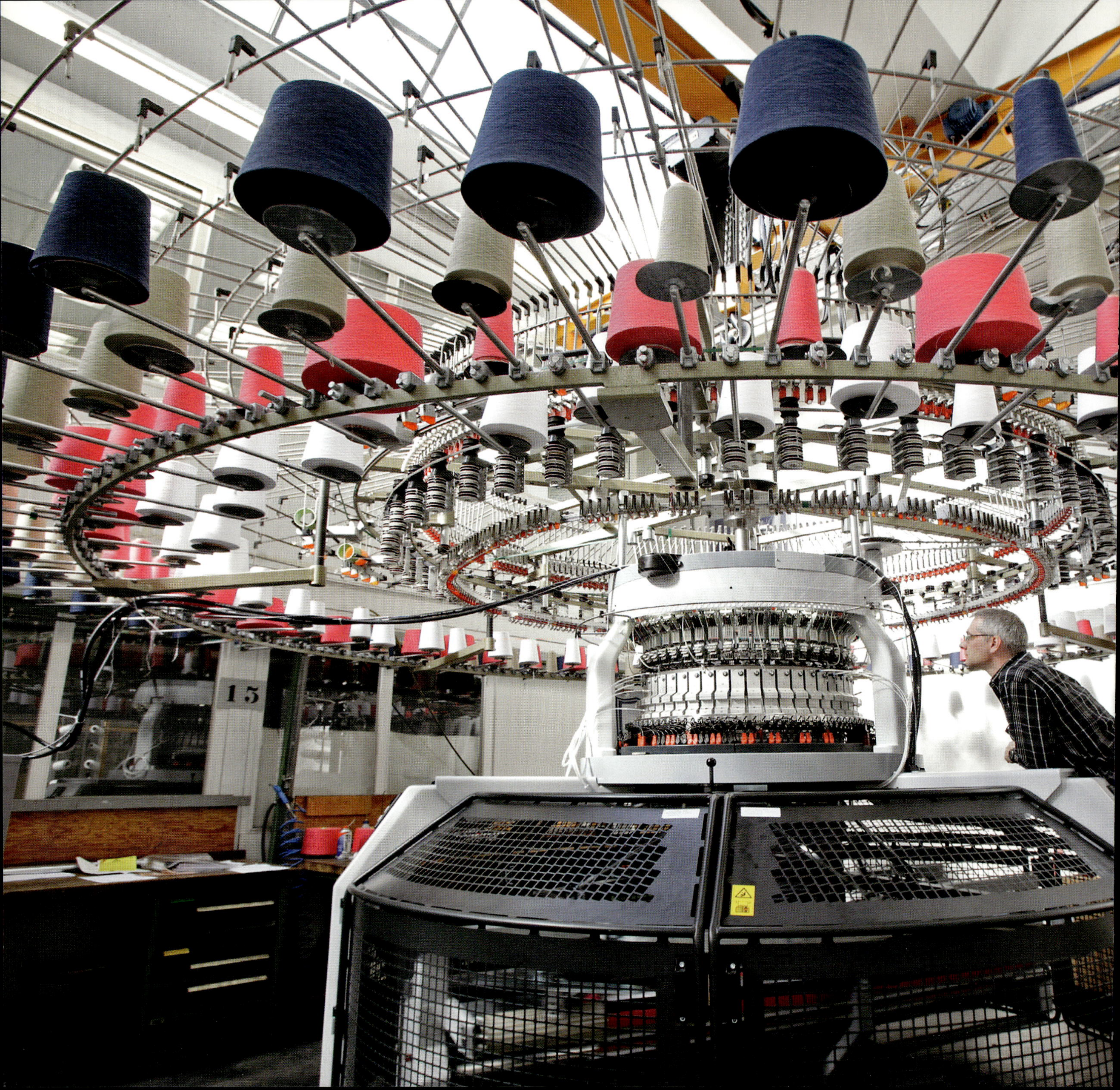
15

baut wurden. Mein Vater hat dann bei seinem langen Aufenthalt in den USA neue Technologien kennen gelernt. Und später kam dann die Rundstrickmaschine auf den Markt.« Damit konnte man nicht nur Unterwäsche herstellen, sondern auch Shirts.

Mit vierundzwanzig Jahren hat Rainer Mayer die Firma übernommen, jetzt führt er – zusätzlich zu seinem Neffen Marcus Mayer, der bereits viele Jahre im Betrieb ist – seine Söhne in den Betrieb ein, so dass ihn irgendwann die vierte Generation übernehmen kann. »Textil ist heute ein Wanderzirkus Richtung Osten. In Bangladesch wird Konfektionsware hergestellt, weil das Handarbeit ist und dort die Löhne niedrig sind. Superqualität wird hier in Deutschland bei Grupp oder bei Mey hergestellt. Aber es bleibt ein großer Markt für deutsche Hersteller übrig: technische Textilien, auch als Funktionswäsche bekannt. Die lassen sich hier effizienter und besser herstellen als im Ausland.« Rainer Mayer ist stolz darauf. »Wir sind der Mercedes der Branche, wir bürgen für hohe Qualität, für hohe Effizienz, für geringen Verschleiß. Meine Maschinen stehen auch in Asien. Wir verbinden Stricken und Spinnen, weltweit einzigartig.«

Nach dem Grund für seinen Erfolg gefragt, erklärt er: »Wir waren und sind immer innovativ. Jeden Tag kommen neue Kunden mit neuen Stoffen.« China, Indien, die Türkei, Brasilien und Bangladesch zählen zu seinen Hauptkunden. Damit die Kunden im mittleren Preissegment nicht zu anderen Firmen wechseln, hat Mayer & Cie. jetzt ein Unternehmen in Tschechien gekauft, um mit billigeren Maschinen den Markt in ganz China zu erobern. Zusätzlich wurde ein Montagewerk in China installiert. »Wir müssen uns anstrengen, aber ich bin sehr zuversichtlich, dass wir uns auf dem Markt behaupten. 98 Prozent unserer Maschinen gehen übrigens in den Export.« Und wichtig ist ihm dennoch eines: »Unser Sitz bleibt hier. Ich persönlich fühle mich der Alb sehr verbunden, meine Söhne auch. Das Herz der Firma wird auf der Alb bleiben. Das Einzige, was uns hier auf der Alb fehlt,

Gegenüberliegende Seite: Die Strickmaschinen aus Tailfingen stehen in der ganzen Welt.

Im Maschenmuseum in Albstadt erfährt man viel über Textilgeschichte auf der Alb.

ist das Selbstbewusstsein, das wir aufgrund unserer Erfolge auf der ganzen Welt haben könnten.« Da hat Rainer Mayer Recht.

Die Textilgeschichte ist im eindrucksvollen Maschenmuseum in Tailfingen zu besichtigen. Dort sind Trikots, Liebestöter, lange Unterhosen und »Hemd und Hos an einem Stück« zu besichtigen, alles Kuriose zum Thema Wäsche. Die Maschinen wurden von ehrenamtlichen Könnern liebevoll restauriert und werden bei Führungen stolz präsentiert.

Die Hochschule Albstadt-Sigmaringen ist ein wesentlicher Faktor, damit die Menschen auf der Alb weiter stolz sein können auf ihre Leistungen. Wer bei Textilien nur an Produkte aus Baumwolle,

Seide und Leinen denkt, verkennt die Gegenwart. Die Zukunft gehört den technischen Textilien und hier gehört Deutschland zu den führenden Herstellern und Forschern. Was technische Textilien sind? Sie sind heute nicht nur in Haus- und Bekleidungsstoffen zu finden, sondern in fast allen Lebensbereichen. Sie sind Bestandteil von medizinisch-technischen Produkten und Windkraftrotoren, sie dienen zur Filterung oder Schallisolierung. Im Auto sind sie nicht nur auf den Sitzen zu finden, sondern auch in der Karosserie.

»Textilien«, so sagt es der geschäftsführende Gesellschafter von Groz-Beckert, Thomas Lindner: »Textilien ersetzen zunehmend konventionelle Materialien wie Stahl.« Deshalb stehen den Studenten in Ebingen, die sich im Rahmen der »Textilen Produkttechnologie« entweder für »Technische Textilien« oder für »Bekleidungstechnik« entschieden haben, bei ihren Praktika viele Tore weit offen. Ob Audi, Mercedes, BMW, Möbelproduzent Rolf Benz, ob Hugo Boss, Strenesse, ob Schöffel, alle großen Firmen bieten den Studenten von der Alb Praktikumsstellen. Denn die Hochschule genießt einen sehr guten Ruf, sie begründet die Zukunft der Textilkompetenz auf der Alb.

Professorin Petra Blankenhorn steht in Raum 117, dem Textilveredlungslabor. Wir sind im Haus Haux, einer ehemaligen Ebinger Textilfirma, die heute den Textilbereich der Hochschule beherbergt. Hier im Labor macht jeder Student, jede Studentin – und es sind deutlich mehr junge Frauen als junge Männer hier – selbstständig Versuche mit Stoffen. Diese werden gebleicht, gefärbt und hochveredelt, zum Beispiel wasserfest ausgerüstet. Chemie gehört heute zur Kleidung! »Wir sind stark praxisorientiert! Die Hochschule, ursprünglich aus einer Landfrauenschule entstanden, hat heute in der Textilindustrie einen sehr guten Ruf. Denken Sie an Hochleistungssport, an Ski- und Wanderkleidung, aber auch an Zelte, an Brücken (!), an medizinische Kleidung, an Reinraumkleidung. Das sind unsere Spezialitäten. Dafür bilden wir unsere Studenten aus. Es ist eine technische Ausbildung zum Ingenieur«, erklärt Petra Blankenhorn.

Rund 300 Studenten lernen hier im Textilbereich, wie mit Design und wie mit technischen Textilien umzugehen ist. Viele Absolventen gehen später ins Ausland, denn die Produktion findet ja größtenteils dort statt. Die Textilindustrie ist zwar ausgewandert, aber die Ausbildung ist hiergeblieben. »Man muss diesen Beruf wirklich wollen, sonst kommen junge Leute nicht nach Albstadt«, sagt Petra Blankenhorn, »Albstadt ist nicht Berlin.« Sie ist gerne Lehrerin, sie arbeitet gerne mit Menschen zusammen. »Moderne Textilien sind eine sehr spannende Sache, bei den synthetischen Rohstoffen hat sich in den vergangenen Jahrzehnten sehr viel getan.«

Wir gehen in einen Raum, in dem uns Melanie einen Reinraum-Anzug vorführt, der auf eine Puppe gezogen ist; ein ABC-Schutzanzug steht hier mit Aktivkohlefilter. Melanie erinnert uns auch an Feuerwehrkleidung, die die Feuerwehrleute vor heißen Temperaturen schützen soll. Es ist wirklich eindrucksvoll, was heute mit Stoffen alles gemacht werden kann.

Die Studierenden der Bekleidungstechnik lernen auch die Herstellung von klassischer Oberbekleidung. Wie nimmt man die Körpermaße? Wie erstellt man ein Maßblatt? Wie näht man mit der Nähmaschine? Drei bis fünf Studenten und Studentinnen bilden eine Gruppe, die ähnliche Kleiderschnitte umsetzt. Jeder einzelne von ihnen stellt ein Modellkleid her, das ist die Semesterarbeit. So macht jeder den ganzen Produktionsprozess vom Entwurf über Schnitterstellung, Stoffauswahl, Zuschnitt und Fertigung mit. Deborah berichtet, ihr habe eine Freundin von dieser Hochschule erzählt, da habe sie sich gedacht: »Das könnte etwas für mich sein. Und tatsächlich, es macht mir großen Spaß, mit Stoffen umzugehen. Auch wenn die Arbeit manchmal ›sehr fizzelig‹ ist.«

Der Standort Alb – weltmarktführend! ■

Nur für Schwindelfreie: der Wackerstein.

Gegenüberliegende Seite: Premiumblick vom Premiumwanderweg auf Burg Hohenzollern.

Wir stehen auf dem Zeller Horn, es ist morgens gegen zehn Uhr, früher Oktober. Sonne, kein Nebel, aber der Wind weht. Uns gegenüber, zum Greifen nah, nur durch einen tiefen Sattel getrennt, die Burg Hohenzollern. Schönere Ausblicke gibt es auf der ganzen Welt nicht. Die Burg Hohenzollern – Stammsitz des uralten Geschlechts der Hohenzollern, der späteren deutschen Kaiser – ist zwar erst im 19. Jahrhundert gebaut worden, aber gerade deshalb ist die unversehrte Anlage von Türmen, Mauern und Räumen so unvergleichlich schön. Der Berg ist voller Laubwälder, die gerade dabei sind, sich zu verfärben – von hellem Gelb zu tiefem Rot und strahlendem Gold. Der »Indian Summer« auf der Schwäbischen Alb ist genauso wunderschön wie der in Amerika, und man muss auch nicht den Grand Canyon besuchen, um an herrlichen, manchmal schaurigen Abgründen zu wandern.

Wandern ist wieder in, es hat sein ehemaliges verstaubtes Image längst verloren. Gewandert wird nicht mehr so viel im Verein, aber Familien mit kleinen und größeren Kindern machen sich zusammen auf den Weg, junge und ältere Paare sind unterwegs, Gruppen und Grüppchen ebenfalls. Am Festtag der Deutschen Einheit findet sich auf dem Zeller Horn eine kleine Gruppe evangelischer Christen ein. Max, ein weißhaariger Mann, spielt auf einer Gitarre, die Gruppe singt. Auch wer nicht besonders fromm ist, wird von der Schönheit der Natur doch überwältigt und ist dankbar.

Der Fernwanderweg »Schwäbische Alb Nordrand-Weg Hauptwanderweg 1« führt von Donauwörth über 365 Kilometer bis nach Tuttlingen. Auf weiten Strecken verläuft er am Rande des Steilabfalls des Juragebirges, den Albtrauf, oft dreihundert Meter über der Landschaft unten. Der Schwäbische Albverein schlägt vor, den Nordrandweg in fünfzehn Tagesetappen aufzuteilen. Wer dann immer noch nicht genug hat, der kann auf dem HW 2, dem Südrandweg, zurückwandern. Der HW 1 ist der älteste Hauptwanderweg des Schwäbischen Albvereins und trägt im Unterschied zu seinen Kollegen gleich mehrere Namen: Albtraufweg, Nordrandweg oder Panoramaweg.

Wir stehen auf dem kleinen Felsvorsprung auf dem Zeller Horn, unter uns geht es steil hinab, ein paar hundert Meter fast senkrecht. Die Burg Hohenzollern, die so nah erscheint, ist ja nur ein kleiner Teil des Panoramas, das sich uns bietet. Das weite Land, die Ebene, die Laubwälder, die sich verfärben, der Albtrauf, der steile Abfall der Alb,

mit sanften Vorbergen. Auf weichen Waldpfaden sind wir gekommen, auf geschotterten Wegen, nur der geringste Teil der Route ist asphaltiert. Durch Wiesen, Wacholderweiden, durch Wälder voller Buchen, Erlen, Birken und Kiefern. Vorbei an Hagebuttensträuchern, an Schlehengebüsch. Über uns krächzen Kolkraben.

Karin, meine Begleiterin, ist erfahrene Alpenwanderin. Aber auch sie ist begeistert von dieser Route, dem »Premiumwanderweg Traufgang Zollernburg-Panorama«, einem kleinen Stück des HW 1, der eine Strecke von fast 16 Kilometern umfasst. 412 Meter sind an Höhe zu überwinden, die reine Wanderzeit beträgt sechs Stunden. Aber jeder, der diese wohl schönste Wanderroute Deutschlands bewältigen will, sollte sich einen ganzen Tag Zeit nehmen. Denn immer wieder machen wir Pause an einem der herausragenden Aussichtspunkte: am Kohlwinkelfelsen, am Backofenfelsen, am »Hangender Stein«, am Blasenberg und am Heiligenkopf.

Karin hat mir ihre Wanderstöcke mitgebracht, die sich tatsächlich als sehr hilfreich erweisen. Nicht nur, weil der Weg mal eine Steigung nimmt und es dann wieder hinuntergeht. Nein, die Stöcke helfen, die Knie und den Rücken zu entlasten. Die Wege erfordern Aufmerksamkeit. Denn sie sind so belassen worden, wie die Natur sie geschaffen hat. Sie sind ausgewaschen und an den Rändern der Pfade von Baumwurzeln überwuchert und durchzogen.

Jetzt schauen wir links Richtung Hornisgrinde, Kniebis und Freudenstadt. Und rechts geht der Blick bis nach Tübingen, im Vordergrund liegen die Städte Hechingen, Balingen und Haigerloch mit ihren Teilorten. Ein überwältigender Augenblick auf einem kleinen Felsvorsprung. Ein Tisch, Sitzliegen und ein Kreis mit Steinen von der Alb mit sorgfältig gebauten Steinmännchen runden das Bild dieses kleinen Paradieses auf der Alb ab.

Wir sind vom »Zollersteighof« gestartet, einem kleinen, sehr gepflegten und modern eingerichteten Hotel direkt an den Hauptwanderwegen der

Gegenüberliegende Seite: Auch das bietet die Schwäbische Alb – Wanderung über den Wolken.

Schöner geht's nicht: Auf der Alb gibt es unzählige Wanderwege.

Schwäbischen Alb: am HW 1 und am HW 3, dem Main-Neckar-Rhein-Weg.

Heidi Jäckel erzählt von der Geschichte des Zollersteighofs, der sich seit 1921 im Besitz ihrer Familie befindet. Im August 1944 legte eine Brandkatastrophe das Gebäude in Schutt und Asche. Die Familie hat es wieder aufgebaut. Sie führt heute in der dritten Generation das Hotel mit einem Restaurant. Heidi Jäckels Sohn hat Koch gelernt und wird wohl einige Zeit auswärts Erfahrungen sammeln, bevor er in der vierten Generation das Haus übernehmen wird. Das Essen ist hervorragend, feinste Albqualität! Lammbraten mit frischem Rosmarin gewürzt, Rehbraten mit Pfeffer-Pflaumen. In der Stube wirkt Hannelore als Seele des Hauses, sie gehört sozusagen zum Inventar. Sie bringt nicht nur das Essen, nein, sie setzt sich an den Tisch dazu und erzählt Geschichten von der Alb, von Onstmettingen. Draußen auf dem Parkplatz steht morgens fast kein Auto, was sich im Lauf des Tages ändert. Die jungen Laubbäume auf dem Parkplatz glänzen golden in der Morgensonne. Herrlich.

Es gibt natürlich nicht nur den Zollersteighof. Sehr beliebt ist das Nägele-Haus als Ausgangspunkt für Albtrauf-Wanderungen. Das stattliche Haus wurde 1928 unterhalb der höchsten Stelle des Raichberges errichtet. Es erhielt seinen Namen als Ehrung für den langjährigen Dritten Vorsitzenden des Schwäbischen Albvereins, Eugen Nägele, der in den Jahren von 1913 bis 1933 Vorsitzender des Albvereins war und als Schriftleiter dem Verein schon von Anfang an seinen Stempel aufgedrückt hatte.

Die flache Kuppe des Raichberges wie die umgebende Landschaft ist von großer Schönheit. Vom Raichberg-Turm auf 956 Metern Höhe bietet sich eine fantastische Aussicht. Weite, freie Flächen mit Schafweiden oder Wacholderheiden wechseln mit Waldstücken, Äckern und Hecken. Hier im Nägele-Haus ist alles größer als in dem kleinen Hotel, hier können Familien preiswert übernachten und die Kinder sich an Schnitzel mit Pommes oder an Maultaschen erfreuen. Das Haus ist auch offen für Schulklassen. Mittags ist das Haus – wie gesagt, es ist ein schöner Sonntag – umringt von parkenden Autos. Unter der Woche dagegen ist man mit sich selbst allein, wenn man am Albtrauf wandert.

Die herrlichen Ausblicke auf dem Albtraufweg wollen erarbeitet werden. Schmale Pfade und steile Anstiege wie in den Alpen sind auch für den geübten Wanderer eine Herausforderung. Es gibt schwere Touren, es gibt aber natürlich auch leicht zu erreichende Wanderziele für ungeübte Städter. Wir wandern durch Wiesen, Wälder, Wacholderheiden, wir erleben Wind, Sonne, aber auch Regen und Windstille. Mal sind Wolken da, mal hat man einen freien Blick – das Wetter ändert sich an diesem goldenen Oktobertag ständig. Auf der einen Seite geht es oft steil hinunter, Schluchten und Abgründe tun sich auf. Auf der anderen Seite Wald, Gesträuch, es geht über Stock und Stein. Immer wieder taucht die Burg Hohenzollern im Panorama auf, es scheint so, als wanderten wir um die Burg einmal ganz herum.

Unvergessliche Stunden in schönster Natur! ■

Die Wildwest-Lady flucht, dass es eine Art hat. Betty kann sich selbst in der Wüste behaupten, sie kann mit dem Revolver umgehen, sie steht ihren Mann. Eine solche Frau aber können die frommen Schäufeles nicht ertragen. Für sie ist eine Frau nicht ein mutiges, fluchendes Wesen, sondern ein zierlicher und anmutiger Mensch. »Frauen sind das Lächeln im Antlitz der Welt«, so sehen es die frommen Brüder, die sich in der amerikanischen Wüste verirrt haben und von Betty entdeckt werden. Die wiederum stellt fest, dass die beiden »keine Arschlöcher, sondern nur Verrückte« sind.

Es wird dunkel, wir sind hinaufgestiegen zur Burgruine von Melchingen, etwa zwanzig Minuten geht es aufwärts. Später, als es nach Hause geht, ist der Weg zum Teil sehr dunkel, schier abenteuerlich. Wir schauen auf Mauern, auf den Wald, auf ein karges Bühnenbild. Auf der Bühne zeigen uns Berthold Biesinger, Gerd Plankenhorn und Linda Schlepps das Leben der Auswanderer aus dem Schwäbischen. Mehrere Hunderttausend Schwaben haben sich im 19. Jahrhundert eine neue Existenz in Amerika aufgebaut, darunter viele fromme Pietisten, die auch in der Wüste gebetet und nach dem Herrn gerufen haben. Obwohl sie gegangen sind, weil sie hier gehungert haben, haben sie auch im gelobten Land oft große Entbehrungen ertragen müssen, bis sie sich erfolgreich etabliert hatten.

So weht in der alten Burgruine der Mantel der Geschichte des Schwabenlandes, der Alb. Immer wieder kümmert sich das Theater Melchingen um die regionale Geschichte der Schwäbischen Alb und Schwabens. Und eben nicht belehrend! »Heimwärts nach Amerika« ist eine Westernkomödie, in der die Zuschauer herzhaft über das Aufeinandertreffen der Pistolenlady mit den gottesfürchtigen und so unpraktischen Brüdern lachen können. Die Veranstaltung ist ausverkauft. Das Stück kommt an, das Theater hat seinen guten Ruf durch viele herausragende Inszenierungen begründet.

Franz Xaver Ott arbeitet seit den achtziger Jahren hier in Melchingen. Er ist Autor, Regisseur und Schauspieler. »Damals war es Mode«, erzählt Ott, »raus aufs Land zu gehen. Und natürlich ist dieser Ort etwas ganz Besonderes. Wir sind eben nicht in Stuttgart, in Tübingen, in Reutlingen. Aber die Menschen aus Stuttgart, aus Tübingen, aus Reutlingen kommen zu uns aufs Land, sie fahren auch im

Kultur vom Feinsten: das Lindenhof-Theater in Melchingen.

Winter die kurvigen, engen Straßen am Albtrauf hoch – die sind übrigens immer bestens geräumt – die Menschen kommen hierher zu uns!«

Das Dorf Melchingen liegt 730 m hoch und zählt gerade einmal 970 Einwohner. Drei Gasthäuser, zwei Pensionen, mehrere Läden, eine Poststation, zwei Banken, eine Festhalle, ein Theater, mehrere Handwerksbetriebe, ein Dorfmuseum. Das ist es.

Ott sagt: »Wir haben hier als Schülergruppe angefangen, wir haben zehn Jahre gearbeitet, um überhaupt Bedingungen zu schaffen, dass wir hier ordentlich Theater spielen können. Es war halt ein ›Aussteigerprojekt‹, wie so viele damals. Wir wollten nicht zur Bundeswehr. Und wir wollten auf jeden Fall etwas anderes tun, als unsere Väter es von uns erwartet haben, wir wollten uns selbst entwickeln.« Und so haben sie früher auf dem Landgasthof »Linde«, den sie 1981 erworben haben, die Betten für die Fremden gemacht, das Bier ausgeschenkt, und dann sind sie auf die Bühne gegangen und haben gespielt. Und wie!

Der Lindenhof, das ist heute Theater auf dem Dorf, aber nicht nur für das Dorf. Das Theater weist weit darüber hinaus »ins Offene«. »Keiner am Melchinger Lindenhoftheater«, sagt Felix Huby, »keiner hat den Bezug zu seiner Umwelt verloren. Zugleich aber ist der Kopf frei für große Gedanken. Und so entsteht eben in Melchingen auch großes Theater. Theater, das ohne Probleme mit den Aufführungen der berühmtesten Schauspielstätten konkurrieren, ja diese übertreffen kann.« Felix Huby hat Recht. Das Ensemble hat sich seither mit Inszenierungen von Heinrich von Kleist, Susanne Hinkelbein, Peter Härtling, Shakespeare, Franz Xaver Kroetz und Franz Xaver Ott in dreißig Jahren zu einem »Heimattheater, wie es nirgendwo sonst existiert« entwickelt. Das sagt die »ZEIT«, und die muss es schließlich wissen.

Mit dem Lindenhof hat sich auf der Schwäbischen Alb ein Theater entwickelt, das die schwäbische Sprache und die Dialektik zwischen Heimat und Fremde ins Zentrum rückt. Oftmals sind es

Gegenüberliegende Seite: Das Stück »Schwabenkinder – in fremden Händen« wird im Lindenhof aufgeführt.

Auch in der Ruine Hohenmelchingen wird Theater gespielt.

die Randfiguren, die Außenseiter, die das Theater in Uraufführungen auf die Bühne bringt. »Michael Kohlhaas« beispielsweise, das Stück von Heinrich von Kleist über den selbstgerechten Wutbürger, oder das Stück von Dieter de Lazzer und Felix Huby, »Georg Elser – Allein gegen Hitler«, über den mutigen Tüftler von der Ostalb, der 1938 im Alleingang Hitler im Münchner Bürgerbräu umbringen wollte. Was wäre Europa, uns allen, unseren Eltern, unseren Großeltern erspart geblieben, hätte Elser Erfolg gehabt!

Also hinein ins Theater in die umgebaute Scheune: Das Licht geht an, eine Gruppe von Halbwüchsigen tanzt auf der leeren Bühne, sie zählen immer wieder bis zehn, sie geben einander Gegenstände von Hand zu Hand, sie werden auf der Bühne von einem älteren Mann beobachtet und gefilmt, es ist Franz Xaver Ott. So beginnt das mitreißende, das beklemmende Stück über die »Schwabenkinder«, Schicksale in Mitteleuropa. Denn dreihundert Jahre lang (!) sind jedes Frühjahr tausende Kinder im Alter von sieben bis vierzehn Jahren aus den Alpenregionen in einer mehrtägigen Wanderung nach Oberschwaben gezogen, um sich dort als Hütekinder bei wohlhabenden oberschwäbischen Bauern zu verdingen. Sieben Monate Fremde, sieben Monate harte Arbeit ohne Schulbildung bei kargem Lohn. Sie waren auf sich gestellt und der willkürlichen Behandlung durch die reichen Bauern ausgeliefert. Auf Kindermärkten wurden die Vorarlberger, die Tiroler und die Graubündner Kinder wie Vieh ausgestellt und angeboten.

Es ist typisch für das Theater Lindenhof, dass ein solcher Versuch, regionale Geschichte in Mitteleuropa zu zeigen, sie dem Vergessen zu entreißen, zusammen mit Schülern gemacht wird. Die Geschichte der Hütekinder wird von Schülerinnen und Schülern des Firstwaldgymnasiums auf die Bühne gebracht. Für heutige Jugendliche wie auch für Erwachsene eine Konfrontation mit einer bitteren, schier unfassbaren Vergangenheit.

Bemerkenswert! ■

Hier war außer Hühnerställen nichts!« Irmgard Freidler ist eine außergewöhnliche Frau. Sie stammt aus Inneringen, »hier drei Dörfer weiter«, sagt sie. Sie ist in Gammertingen zur Schule gegangen. Seit Jahren lebt sie in Trochtelfingen. Wir stehen im ersten Stock an einem massiven Tisch aus Kernbuche und sie sagt ganz selbstverständlich: »Die Alb ist wunderschön.« Zusammen mit ihren Söhnen Oliver und André führt sie die Firma ALB-GOLD, eine Firma, die aus dem Hühnerhof ihres Schwiegervaters entstanden ist, eine Firma, die heute der zweitgrößte Nudelproduzent in Deutschland ist. Und was für Nudeln! Keinerlei Genprodukte, nur allerhöchste Qualität beim Weizen und bei den Eiern! Denn Lebensmittel brauchen Vertrauen. Dieses Vertrauen hat sich Familie Freidler hart erarbeitet.

Irmgard Freidler ist schon seit Jahrzehnten im Betrieb, sie war fürs Personal und für die Finanzen zuständig, sie kannte ihren »Laden«. Aber: »Mein Mann war der absolute Frontmann, die Firma, wie sie heute besteht – mit der ›Gläsernen Produktion‹, mit den Führungen, dem Kochstudio, dem ALB-GOLD-Kundenzentrum – das alles war der Traum meines Mannes. Er hat es nicht dabei belassen zu träumen, sondern er hat seine Träume in die Wirklichkeit umgesetzt.«

Es ist eine wunderbare und es ist eine traurige Geschichte, eine Geschichte, die trotz allem Leid Hoffnung macht. Sie zeigt, dass auf der Alb starke Menschen leben, die sich allen Widrigkeiten des Lebens stellen. Ursprünglich kamen die Eltern Klaus Freidlers, beide Heimatvertriebene, über eine Zwischenstation in Leonberg auf die Alb nach Trochtelfingen. Irmgard Freidlers Schwiegervater hat hier einen Hof mit Hühnern gegründet. »Mein Mann hat aus dem Hühnerhof diesen Betrieb gemacht, er war ideenreich, er hatte den Mut und die Kraft, seine Ideen umzusetzen. Die Nudeln waren die logische Folge der Hühner, die Eier legten.«

Klaus und Irmgard Freidler kannten sich schon früh. »Wir haben uns in der fünften Klasse kennengelernt, dann aber erst einmal aus den Augen verloren. Wir haben uns erst später wieder getroffen. Aber mein Mann hat immer gesagt: ›Ich habe es dir schon in der fünften Klasse gesagt: Wir heiraten.‹« 1984 haben die beiden dann tatsächlich geheiratet. »Heute stehen hier die Nudelfabrik, das Kundenzentrum und unser Privathaus.« Vor zehn

Besucher-Rundgang im Hygiene-Outfit bei der Firma ALB-GOLD.

Jahren ist das Kundenzentrum eingeweiht worden, das jedes Jahr mehr als hunderttausend Menschen anzieht. Sie kommen keineswegs nur von der Alb, sie kommen aus Stuttgart, bis nach Norddeutschland hat es sich herumgesprochen, dass die Nudeln aus Trochtelfingen ein ganz besonders hochwertiges Lebensmittel darstellen. Irmgard Freidler sagt: »Das Kundenzentrum war ein Volltreffer. Mein Mann hat sich immer gefragt: Wie erfahren die Menschen, was und wie wir hier produzieren? Wir müssen den Betrieb öffnen und dann müssen wir den Besuchern auch etwas bieten. Deshalb können sie hier auch einkaufen, sie können essen, sie können trinken, sie können Gewürze kaufen, sie können Kochkurse für gesunde und wohlschmeckende Ernährung belegen.« So ist ein modernes Unternehmen entstanden, das zeigt, dass hier auf der Alb produktive und kreative Menschen leben, die ihre Träume verwirklichen.

Irmgard Freidler blickt von ihrem Büro hinaus auf ihr Haus, auf Äcker, auf Wald und Wiesen – wer hat schon so einen schönen Arbeitsplatz? Aber das Schicksal hat sie herausgefordert. Der 52-jährige Klaus Freidler, der sich selbst zum Unternehmer entwickelt hatte, der den Betrieb in dreißig Jahren auf- und ausgebaut hatte, stieg eines Tages im Sommer 2010 auf sein Mountainbike und erlitt auf einem Feldweg bei Burladingen einen Herzschlag. Eine Katastrophe für die Familie und auch für die Firma. Denn niemand war darauf vorbereitet. Und wenn der Betrieb nicht mehr läuft, dann haben die Menschen hier keine Arbeit.

Es ging also nicht nur darum, privates Leid auszuhalten und zu verarbeiten, es ging für Irmgard Freidler darum, die Arbeit ihres Mannes fortzusetzen. Das ist ihr und ihren Söhnen, die damals gerade am Ende ihres Studiums waren, gelungen. »Für eine Mutter ist es unglaublich schön, wenn man die Kinder im eigenen Betrieb begleiten kann. Sie wachsen in ihre Rollen hinein, die Verantwortung aber trage ich. Sie teilen sich inzwischen die Arbeit, der eine kümmert sich mehr um den Ver-

Gegenüberliegende Seite: Das schafft keine Hausfrau – Spätzle- und Nudel-Produktion rund um die Uhr.

Pasta, basta: Das Erinnerungsfoto zum Abschluss des Rundgangs durch die Nudelproduktion darf nicht fehlen.

trieb, der andere engagiert sich mehr im innerbetrieblichen Bereich.« Sie weiß, dass es ihr ohne ihre Mitarbeiter nicht gelungen wäre, den Betrieb stabil fortzuführen, die Kunden nicht zu verlieren, die Qualität zu halten und auch neue Ideen zu entwickeln. »Unsere Mitarbeiter haben mir viel geholfen, sie haben mir zurückgegeben, was mein Mann ihnen zuvor gegeben hatte, einen guten Arbeitsplatz. Jetzt haben wir alle die Sicherheit gewonnen, dass wir die Firma erfolgreich fortführen können.«

Sechzig Tonnen Nudeln werden hier täglich produziert. »Ohne den Vertrieb ist hier alles nichts«, sagt Irmgard Freidler. Der Weizen selbst kommt aus Erzeugergemeinschaften in Frankreich, der Dinkel kommt von der Alb. »Damals, als das Kundenzentrum gebaut worden ist, es war eine riesige Baustelle, da haben sie alle gesagt: ›Jetzt ist er verrückt geworden, die sind ja größenwahnsinnig!‹ Er hat seine Vision gegen alle Prognosen verwirklicht.« Hundertsechzig Arbeitsplätze sind so entstanden, das ALB-GOLD-Kundenzentrum ist ein Magnet auf der Alb geworden. Und die Freidlers haben immer neue Ideen. Jetzt ist ein Hackschnitzelkraftwerk gebaut worden, modernste Technologie für die Umstellung auf erneuerbare Energie. Sie sparen dadurch täglich rund 2800 Liter Heizöl. »Mein Mann hat den Erfolg seiner Vision noch miterlebt. Wir waren noch gemeinsam beide bei der Fußball-WM in Südafrika 2010 kurz vor seinem Tod.« Irmgard Freidler kann über ihr Schicksal offen sprechen, das macht sie frei. Das ist bewundernswert. Eine ungewöhnliche Frau.

Niemand sollte sich einen Gang durch die Gläserne Produktion entgehen lassen. Allein das Umziehen macht fast allen, seien es Kinder, Jugendliche oder ältere Besucher, riesigen Spaß. »Opa, du musst dich jetzt auch umziehen, dann sehen wir alle gleich aus«, sagt eine Enkelin zu ihrem Großvater.

Der Hygiene wegen muss jeder eine Kopfbedeckung aufsetzen und einen weißen Mantel anziehen, die Utensilien darf anschließend jeder Besucher mit heimnehmen, und Nudeln erhält er obendrein – eine schöne Erinnerung an den Gang durch die nahezu menschenleere, computergesteuerte Produktion. Unsere Führerin Marion Kämmerer geht auf jede Frage ein: Wie viele Eier täglich geschlagen werden – es sind 200 000 –, warum keine Eierschale in die Produktion kommen darf und auch nicht kommt, wie die Löcher in die Makkaroni kommen, wie die Nudeln getrocknet und auch gefüllt werden, wie die Hütchen und Schleifchen gestaltet werden. »Wir exportieren auch in andere Länder, ja sogar nach Italien! Natürlich hat es keinen Sinn, Spaghetti nach Italien zu fahren, das machen die selbst gut, aber Spätzle und Knöpfle und Maultaschen.«

Und in der Gaststätte gibt es alles, was aus und mit Nudeln gemacht werden kann, das Essen ist preiswert und schmeckt hervorragend.

Besser als hier in Trochtelfingen schmeckt es in keinem Sternelokal! ■

Einer der schönsten Orte im schönen Tübingen ist die Platanenallee. Sie ist auf einer künstlich angelegten Insel im Neckar vor mehr als 180 Jahren angepflanzt worden. Die Bäume spenden im Sommer wohltuenden Schatten. Wer die Allee aufsucht, kommt schnell mit sich selbst, dem Leben im Allgemeinen und dem Leben in Tübingen im Besonderen ins Reine. Einmal nicht mehr nachdenken über die Rätsel des Lebens, des Studierens, der Forschung! Sich treiben lassen. Der Blick auf die Bäume, den Neckar, die Stocherkähne und den Hölderlin-Turm brennt sich ins Herz ein, unvergesslich. Die Neckarinsel verläuft parallel zur Stadtmauer. Sie beginnt an der Neckarbrücke und endet an der Landspitze westlich der Ammertalbahn-Brücke. Zwei Denkmale stehen auf der Insel: das für Friedrich Silcher und das für Ottilie Wildermuth.

Tübingen verbindet auf einzigartige Weise mit seinen fast 90 000 Einwohnern, darunter rund 28 000 Studierende, das bürgerliche Leben in einem mittelalterlichen Stadtkern mit dem Lebensgefühl einer jungen Studentenstadt. Walter Jens, der renommierte Rhetorikprofessor, hat die besondere Tübinger Situation einst so beschrieben: »Köln hat eine Universität, Hamburg hält sich eine Universität, Tübingen ist eine Universität.« Walter Jens hat recht.

Tübingen ist aber auch ganz anders. Es hat nicht nur Hölderlin und seinen Turm, das Stift, die Stiftskirche, das Schloss Hohentübingen, die Verbindungshäuser auf den Höhen oder die Stocherkähne auf dem Neckar, die Universität. Tübingen ist eine lebendige Stadt, die einmalige Ideen verwirklicht hat wie den Umbrisch-Provenzalischen Markt im September oder das Schokoladenfestival »chocolART« im Spätherbst. Das Festival passt sehr gut in die Stadt: Tübingen ist vermutlich der Geburtsort der »Schwarzwälder Kirschtorte«. Der Tübinger Konditormeister Erwin Hildenbrand hat sie angeblich 1930 erstmals erdacht. Später ist dann daraus die Idee entstanden, eine einzigartige Praline zu schaffen, die »Schwarzwälder-Kirsch-Sahne-Trüffel-Praline«. Die Schokoladentage werben mit diesem »schokolativen, genussreichen Sympathie- und Werbeträger« für die Stadt und ihr einzigartiges Schokoladenfestival. Bei einer Salami aus Schokolade oder bei »Ashanti Maame Wata«, einer zartbitter-scharfen Schokolade aus »the Afro-Caribbean Kitchen« lernen sich wildfremde Menschen aus aller Welt schnell kennen und kommen ins Gespräch.

Farbenspiel im Französischen Viertel.

Der Umbrisch-Provenzalische Markt verleiht Tübingen mediterranes Flair. Seit 1916 bereitet beispielsweise die Familie Granieri aus Perugia Spanferkel im Holzofen zu. Und wie! Das Fleisch zergeht auf der Zunge. In der Neuen Straße bilden sich bei Alessandro Granieri jedes Jahr lange Schlangen, denn die Besucher warten geduldig auf diese köstliche Spezialität aus Umbrien. Die großen, lilafarbenen Artischockenblüten auf dem Markt, der Wein aus der Provence und aus Umbrien, der Schinken, der Käse, die Gewürze, der Honig, die Lavendelseifen verwandeln Tübingen für ein paar Tage im Spätsommer zu der südlichsten Stadt Deutschlands, einem Ort voller Lebensfreude und Sinnlichkeit.

Viele der köstlichen Lebensmittel werden von Künstlern hergestellt, die kein Wort Deutsch sprechen, die sich aber jedes Jahr auf den langen Weg nach Tübingen machen. Radebrechend und mit Händen redend bekommt der Besucher das, was er will. Zum Beispiel wunderbare Tourtons von Michele und Gilbert Manzo. Die feinen Blätterteigtaschen sind eine Spezialität aus den Südalpen. Sie haben die Form kleiner Kissen. Der Legende nach sind sie das Abbild jenes Kissens, auf dem Jesus in der Krippe gelegen hat. Wir verzehren sie genüsslich, ihre Füllung besteht aus Schafs- und Ziegenkäse aus den Alpen. Wer es süß mag, auch gut: Es gibt Tourtons mit selbst gemachter Himbeermarmelade oder Schokolade.

Zwischen all den Köstlichkeiten aus dem Süden bietet ein Tübinger aus dem Café »Lieb« herrliches Brot an: Dinkelbrot, Schokobrot, Mandelbrot, Zwetschgenbrot, herrliches dunkles Vollkornbrot, natürlich auch Oliven und Provencebrot. Ein unvergesslicher Abend in der Stadt. Und wer ins Rathaus geht, in dem in diesen Tagen im historischen Sitzungssaal ebenfalls Spezialitäten aus dem Süden serviert werden, der hat vom Balkon im ersten Stock einen wunderbaren Ausblick auf die Menschen auf dem Marktplatz, die Paare, die Alten, die Jungen, die Familien, die Stände mit ihren die Sinne betörenden Angeboten. Ein wunderschönes, friedliches Bild.

Tübingen ist wirklich anders. Hier werden früher als anderswo neue Lebensformen erprobt, neue Ideen zum gemeinsamen Leben, natürlich in getrennten Wohnungen. Der Grafiker und Musiker Andreas Fischer, der zu den Urgestalten des neuen Französischen Viertels gehört, wohnt seit zwei Jahren mit seiner Tochter Ylva im zweiten Stock einer neuen Wohnanlage mit Balkon zu einem Innenhof, der von anderen neuen Wohnhäusern umfasst wird. Er wohnt in der Alexanderstraße im Alexanderpark am Französischen Viertel. Beide Stadtteile sind auf der derselben Seite der B27, dazu kommt noch das Neubaugebiet Loretto.

Es leben Familien aus der ganzen Welt hier. Kein Wunder, Tübingen ist eine weltoffene Stadt. Die Stadt hat die Chance ergriffen, die sich durch den Abzug der französischen Soldaten ergeben hat. Brachen, die früher Panzerparkplätze waren, wurden neu bebaut, alte Häuser wurden phantasievoll umgebaut, ausgebaut und renoviert. Private Bauherrengemeinschaften, meistens vier bis fünf Bauherren, setzten sich zusammen und überlegten, wie sie das Haus bauen wollten. Konformität war nicht erwünscht, Originalität nach außen und nach innen wurde gesucht und zumeist gefunden. Jedes, aber auch wirklich jedes Haus im Französischen Viertel und im Alexanderpark sieht anders aus. So wurde eine eigene Welt aufgebaut. Vor allem der Innenhof, um den sich die einzelnen Häuser gruppieren, soll von allen gemeinsam gestaltet werden. Er soll für Kinder da sein, er ist ein Treffpunkt für Alt und Jung, er ist das, was früher der Marktplatz im Dorf war.

Im Französischen Viertel ist in jedem Haus ein Gewerbeladen; Freiberufler, Büros, Frisöre, Kneipen, Kirchengemeinde, hier finden sich alle zusammen. Ein Zentrum im Französischen Viertel ist das »Werkstadthaus«, ein Haus mit offenen Werkstätten, hier befinden sich eine Schreinerei, eine Töpferei und eine Fahrradwerkstatt.

Diese Art zu wohnen unterscheidet sich gründlich von der Gewohnheit, in modernen Hochhäu-

Gegenüberliegende Seite: Mauerstudium auf der Zwingelmauer – ein beliebter Platz bei Schülern und Studenten. Man hat von hier einen guten Blick auf die vorbeigleitenden Stocherkähne.

Begehrt und beliebt: Wohnen im Stadtteil Loretto.

Gegenüberliegende Seite: Über die Neckarbrücke muss jeder einmal, der nach Tübingen kommt.

sern oder Siedlungen anonym nebeneinanderher zu leben. Hier will niemand anonym leben, hier will man miteinander reden. So haben sich im Lauf der Zeit Hausgemeinschaften gebildet. Im Französischen Viertel leben viele Familien, viele alleinerziehende Mütter und Väter. Andreas Fischer meint dazu: »Meine Nachbarn waren auf der Alb zu Hause, im Alter wollten sie in die Stadt mit ihren Annehmlichkeiten zurück. Hier leben unterschiedliche Generationen zusammen.«

Manchmal entsteht harte Konkurrenz nach der Ausschreibung durch die Stadt. Auf dem Gelände der Firma Egeria, das neu bebaut werden soll, haben sich beispielsweise bis zu zwanzig Baugemeinschaften für ein Grundstück beworben. Die Stadt sucht dann die Gemeinschaften aus. Sie schreibt eine »Bauhülle« vor; wie diese Bauhülle gefüllt und gestaltet wird, bleibt den Bauherrengemeinschaften überlassen, die sich dann zusammenraufen müssen. Und diese Art zu bauen ist sogar billiger als das monotone Bauen durch Bauträger. »Die Bauherren müssen einander vertrauen, denn es geht schließlich um viel Geld. In der Regel dauert es mindestens zwei bis drei Jahre, bis ein geplantes Projekt dann auch verwirklicht ist«, erzählt Andreas Fischer. Die Bauherren wählen eine Geschäftsführung, sie schließen untereinander einen Vertrag ab, in dem alles Wichtige festgelegt wird, wie Farbe, Fenster, Gemeinschaftsraum. Manchmal geschieht es auch, dass einem Bauherrn das Geld ausgeht, dann muss ein neuer Vertragspartner gefunden werden, der in das bereits entwickelte Konzept hineinpasst. »Man fängt an zu bauen, das Haus ist noch nicht voll, erst achtzig Prozent der Wohnungen sind belegt, der Rest füllt sich dann in aller Regel während des Baus.« Dieses wunderbare Konzept funktioniert, weil in Tübingen viele Menschen leben, die es gewohnt sind zu diskutieren, viele Akademiker, die oft lange eine Mietwohnung suchen müssen. »Da die Mieten in Tübingen sehr hoch sind, rechnet es sich hier zu bauen.«

Andreas Fischer hat kein Auto. »Hier geht es sehr gut ohne Auto. Es gibt ein gut ausgebautes Carsharing-Netz. Oder ich kann mir bei Nachbarn ein Auto leihen, wenn ich eines brauche. In Tübingen lassen sich auch viele Ziele mit dem Fahrrad gut erreichen. Es ist alles eine Frage der Mentalität. Hier ist die Privatsphäre etwas kleiner als in anonymen Siedlungen, hier wohnen die Menschen relativ eng aufeinander und zusammen, hier feiert man im Innenhof Feste und Festle, man sieht dem Nachbarn ins Fenster, hier werden soziale Kontakte gesucht und gefunden.«

Vor zwölf Jahren hat Andreas Fischer angefangen, das »Werkstadthaus« zu bauen, und er ist auch heute noch in diesem Projekt engagiert. Er ist davon überzeugt, dass er hier in Tübingen mit seiner Lebensqualität privilegiert ist. Hier entscheidet nicht Geld, sondern Kreativität und die Fähigkeit zur Kommunikation. »Es ist hier wie auf dem Dorf«, meint Andreas Fischer.

Tübingen ist anders – ein Modell für vorbildliches Zusammenleben! ■

»Frau von Velsen ist super«, sagt Melanie, eine von dreißig Lehrlingen im Gestüt Marbach. »Sie ist unkompliziert und wir alle können mit ihr reden, wenn wir Rat brauchen.« Die Lehrlinge haben heute Parcoursdienst, sie bauen Kegel und Sprünge auf für das große Spektakel, die Marbacher Hengstparade. Melanie hat sich als werdende Pferdewirtin einen Beruf mit Zukunft ausgesucht, sie kann sogar später studieren, in Nürtingen ist eigens an der Hochschule ein Studienzweig Pferdewirtschaft gegründet worden. Und immer mehr Menschen wollen reiten, deshalb will sie später auch den elterlichen Familienbetrieb übernehmen.

»Ja«, sagt Astrid von Velsen-Zerweck, »das Pferd ist europäisches Kulturgut, das es zu schützen gilt, und Reiten hat Zukunft.« So souverän, wie sie die Hengstparade ankündigt, nachdem sie standesgemäß in einem Landauer in das dreiflügelige Rennstadion eingefahren ist, so souverän ist sie auch in ihrem Arbeitszimmer im Gespräch. Ein Vorfahr aus der Familie Velsen hat einmal die Kinder eines Zerwecks adoptiert, daher der komplizierte Doppelname. Und wenn sie auch aus dem hohen Norden kommt, kann sie darauf verweisen, dass es hier im Nachbarort Dapfen eine Familie Zerweck gibt.

Zehn Landgestüte gibt es in Deutschland. Aber Marbach ist das älteste. Und Land- und Hauptgestüt darf sich solch ein Betrieb nur dann nennen, wenn er nicht nur Hengste hält, sondern auch Stuten besitzt. Die Hengste sollen gute Gene vererben und die Stuten hält man aus der alten Tradition heraus, als man möglichst viele Pferde für die Armeen brauchte. Denn die Landesherren wollten alle nur die besten Pferde für die bewaffneten Reiter. Heute werden Pferde nicht mehr auf ihre militärische Verwendungsfähigkeit gezüchtet, heute braucht die Gesellschaft Freizeitpferde – »Man hat immer ein Ziel bei der Züchtung gehabt!« –, deshalb braucht Marbach auch Stuten.

Vor einigen Jahren ist Frau von Velsen-Zerweck als verhältnismäßig junge Frau als Projektleiterin nach Marbach gekommen, erst im Jahr 2009 ist ihr der Titel »Landoberstallmeisterin« verliehen worden, eine Bezeichnung, die als alter Zopf abgeschafft werden sollte, bis man offenbar im Stuttgarter Landwirtschaftsministerium gerade noch rechtzeitig begriffen hat, dass auch ein solcher Titel ein Kulturgut darstellt. Sie ist die einzige Landoberstallmeisterin in Deutschland. Für ihre Arbeit in Marbach brachte sie gute Voraussetzungen mit. Mit neuen Ideen im 21. Jahrhundert zu bestehen, das ist die Aufgabe. »Ich bin mit Pferden groß geworden, mein Vater war Zuchtleiter beim Trakehner-Verband, erst in Hamburg, dann in Neumünster in Schleswig-Holstein.«

Wie sieht sie Pferde? Astrid von Velsen-Zerweck: »Das Pferd ist stark und schnell, es erfordert Mut vom Reiter oder der Reiterin, aber das Pferd hat auch seine sanften Seiten: Man muss es ständig pflegen. Im Moment sind die Mädchen an der Reihe, die Männer sind ja jahrhundertelang mit Pferden in den Krieg gezogen. Vielleicht kommt auch wieder eine Zeit, in der sich junge Männer stärker für Pferde interessieren. Schließlich ist ein Pferd auch ein Abenteuer.«

In der Mitte des ersten Jahrzehnts des 21. Jahrhunderts gab es im Stuttgarter Landtag Fragen: »Wozu brauchen wir das Gestüt überhaupt?« Dann wurde nach einem Konzept für Marbach gesucht – da haben sich Sportvereine und Pferdeverbände beteiligt. Daraus ist das Kompetenzzentrum Marbach entstanden, das auf drei Säulen beruht: Erstens die zentrale Aufgaben Zucht und Ausbildung, verbunden mit einer großen Landwirtschaft von mehr als 900 Hektar. Zweitens die enge Zusammenarbeit

Gegenüberliegende Seite: glückliche Kindheit – Stute mit Fohlen im Marbacher Gestüt.

Der Tag im Gestüt beginnt sehr früh.

mit der Universität Tübingen und mit der Hochschule in Nürtingen, die »Pferdewirtschaft« als völlig neuen Studiengang anbietet. Und drittens werden Tourismus und Öffentlichkeitsarbeit immer wichtiger. Dazu kann Frau von Velsen-Zerweck beeindruckende Zahlen nennen: »Im Vergleich sind wir traditionell das weltoffenste Gestüt in Deutschland, wir zählen rund 500 000 Besucher jährlich. Marbach ist auch ein guter Ausgangspunkt für Wanderungen, im Gestütsmuseum im nahe gelegenen Offenhausen wird die Geschichte anschaulich, wir machen jedes Jahr rund 25 000 Führungen und rund eintausend Schülerinnen und Schüler besuchen unsere Reit- und Fahrschule. Und wir haben vierzig Ausbildungsplätze, auf die wir stolz sind.« Es werden zudem neue Reithallen in Offenhausen und in St. Johann gebaut, die alten waren im Winter nicht zu nutzen.

Ob es einsam ist auf der Alb, wenn die großen Feste vorbei sind und der Winter kommt? Frau von Velsen-Zerweck sagt strahlend: »Ein Bauer gehört auf den Hof, und ich komme aus dem Stall.« Deshalb wohnt sie im Hauptgebäude im oberen Geschoss. »Und die Menschen hier lieben ihre Natur, sie lieben auch die Pferde, sie leben im Einklang mit der Natur. Ich wurde sehr herzlich hier aufgenommen, nicht aufdringlich, anders als bei den Menschen im Rheinland, die einen sofort umarmen. Außerdem ist hier alles in Bewegung. Das Biosphärengebiet hat eine eigene Dynamik entwickelt, es entstehen neue Netzwerke, die Menschen hier sind dynamisch und erfinderisch. Nein, mein Beruf hier ist schon etwas ganz Besonderes, etwas Einmaliges. Ich fühle mich hier nicht als Beamtin, sondern als Unternehmerin mit neuen Ideen für den Betrieb.« Und sie ist mit allen Staatsgestüten Europas in Kontakt. Man besucht sich gegenseitig. Und das 500-jährige Jubiläum steht an. Erwartet werden Gäste aus ganz Deutschland, aus ganz Europa!

Wer auch nur einmal die Hengstparade im Herbst besucht hat, wer die Sonne, die Pferde und die Künste der Reiter, die klassische Dressur in sich aufgenommen hat, der wird verstehen, dass das Haupt- und Landgestüt Marbach zum Kern von Baden-Württemberg gehört, zu seiner Identität.

Bei einem solchen Fest- und Feiertag ist das Stadion bis auf den letzten Platz gefüllt. Die Hengstparade beginnt mit der klassischen Dressur am langen

Zügel, Schwarzwälder Kaltblüter werden vorgeführt, nicht geritten. Dann reitet Hauptsattelmeister Horst König auf dem Vollblutaraberhengst »Nahdmi ox«, dem Stolz Marbachs. Seine Vorfahren sind hier seit 200 Jahren zu Hause. Ein Klassiker der Hengstparade sind die Vorführungen der Lehrlinge, wenn Azubis mit jedem Bein auf einem anderen Pferd stehen und auf diese Weise in gefährlicher Geschwindigkeit zwei Pferde zugleich führen. Aus Frankreich kommen Reiter und Pferde, die Hindernisse überwinden. Die Voltigiergruppe Marbach besteht aus wahren Artisten. Die jungen Menschen sitzen rückwärts auf dem Pferd Garfield und bewegen sich nach der Musik von Tschaikowskis Schwanensee. Dieser Tanz der Schwäne, von jungen Reiterinnen auf ihren Pferden vorgeführt, ist eine wahre Augenweide. So geht das Stunde für Stunde. Acht Gespanne aus ganz Europa kommen zur Europahymne, zu den Klängen von Beethovens neunter Sinfonie, ins Stadion. Den Schluss bilden atemberaubende Fußballspiele hoch zu Ross. Die jungen und die alten Zuschauer sind begeistert. Zu Recht.

Das Gestüt in Marbach – ein lohnender Anziehungspunkt auf der Alb! ■

Beste Freunde: So macht die Arbeit mit den Pferden Spaß.

Das Große Lautertal

Erst klettern, dann schauen: auf der Ruine Hohengundelfingen.

Gegenüberliegende Seite: Das Lautertal lädt zu erholsamen Stunden ein.

Nicht einmal vierzig Kilometer lang fließt die Lauter von ihrer schönen Quelle im Garten der Priorin im ehemaligen Kloster Offenhausen bis zu ihrer Mündung in die Donau zwischen den Gemeinden Obermarchtal und Untermarchtal, gut ein Kilometer südlich von Lauterach. Dort aber beginnt schon Oberschwaben. Im Großen Lautertal sind wir jedoch mitten auf der Alb! Die Große Lauter ist nicht nur der schönste Nebenfluss der Donau, das Große Lautertal ist eine eigene Welt.

Zunächst einmal aber gibt es kaum schönere Wanderwege als diejenigen von Anhausen Richtung Rechtenstein und dem Kloster Obermarchtal. Kein Auto fährt hier, nur auf einem Feldweg kann man die Lauter begleiten, unter der Woche sind die wenigen Wanderer und Radfahrer für sich. Über Stock und Stein geht es bis zur Mündung in die Donau, einer Mündung, an der der unkundige Läufer leicht vorbeigehen kann, so undurchdringlich fest bewachsen sind die Ufer. Dann gibt es die wunderschönen, romantischen, felsigen, moosigen, engen Seitentäler wie das Wolfstal mit seiner unglaublichen Märzenbecherblüte im Vorfrühling, und am Schluss der Wanderung sitzen wir im Garten der Laufenmühle und vespern – ein Tag der Entspannung, wie man ihn anderswo kaum erleben kann.

Das Große Lautertal ist Natur pur. Es ist das Tal der Burgen, es ist das Tal der Kanufahrer, das Tal der Wanderer, auch Motorradfahrer fahren hier gerne durch. Aber das Tal erzählt auch auf einzigartige Weise von den Brüchen der deutschen Geschichte, ihren Katastrophen, ja, dem Zusammenbruch der Zivilisation in Deutschland.

Jeder kann und soll hier unbefangen fröhlich alleine oder mit seiner Familie hier Urlaub machen und auf den Wiesen der Lauter – natürlich nur dort, wo es erlaubt ist – liegen, Würstchen grillen und Lieder singen. Aber es gibt keinen Anlass, der Geschichte auszuweichen. Niemand sollte es versäumen, die zwei Friedhöfe in Buttenhausen zu besuchen. Auf den einander gegenüberliegenden Seiten des Tals liegen ein christlicher und ein jüdischer Friedhof. Rund einhundertvierzig Jahre sind hier im Dorf Christen und Juden gut miteinander ausgekommen, bis 1933.

Im Jahr 1787 hatten hier die Freiherren von Liebenstein, denen die Ortschaft gehörte, einen sogenannten Judenschutzbrief ausgestellt, der es Juden erlaubte, sich hier niederzulassen, »solange im Römischen Reich Juden geduldet werden.« Sie kamen, sie bauten Häuser, sie errichteten eine Synagoge und sie legten einen Friedhof an, der die Faschisten überdauert hat. In der Bernheimerschen Realschule, die der reiche Kaufmann Lehmann Bernheimer ge-

stiftet hatte, konnten jüdische und christliche Kinder zusammen und kostenlos die Schule besuchen. Auch das gab es in Deutschland einmal. Die alte Schule ist jetzt ein Museum, in dem das Leben der Juden in Buttenhausen wieder lebendig wird.

Es gibt aber noch ein Museum. Denn Buttenhausen ist auch der Geburtsort von Matthias Erzberger, einem Wegbereiter der deutschen Demokratie. Erzberger hat es auf Drängen des übermächtigen Heerführers Paul von Hindenburg auf sich genommen, im November 1918 den Waffenstillstand von Compiègne zu unterzeichnen und das Grauen des Ersten Weltkrieges zu beenden. Hindenburg selbst war zu feige, um selbst zu unterschreiben. Später trat Erzberger für den Friedensvertrag von Versailles ein. Damit hatte er als Reichsfinanzminister den Hass der Rechten auf sich gezogen, die nicht einsehen wollten, dass Deutschland den Krieg verloren hatte. So ermordeten sie den herausragenden Politiker im Jahr 1921. Eine Tragödie.

In Buttenhausen gibt es aber nicht nur Geschichte: Niemand sollte an der nahe gelegenen Getreidemühle Luz vorbeifahren. Die letzte aktive Mühle im Lautertal bietet wunderbare Dinkelprodukte, »Alblaisa« und Getreide an. Biologisch angebaut natürlich. Und Buttenhausen hat auch noch die Erinnerung an Gustav Mesmer zu bieten. Mesmer hat mit seinen selbst gebastelten »Flugapparaten« Flugversuche unternommen. Er wurde lange belächelt, später bewundert. Ein genialer schwäbischer Erfinder, Künstler, Tüftler, der »Ikarus vom Lautertal«. Er verbrachte einen großen Teil seines Lebens in der Psychiatrie in Bad Schussenried, aber hatte seine Träume vom Fliegen immer bewahrt.

Herzog Karl Eugen wiederum verfiel auf die absonderliche Idee, die alten Gemäuer auf Grafeneck in der Nähe von Marbach in ein Lustschloss samt Opernhaus mitten auf der Alb auszubauen. Die Bauern darbten, der Herzog feierte in seinem riesigen Barockensemble, eine harte Zeit damals. Aber Grafeneck steht heute für den Beginn der Nazi-Barbarei. In Grafeneck begann im Jahr 1940 die sogenannte Aktion »T4«. In einem Jahr wurden hier mehr als 10 000 Menschen mit geistigen Behinderungen oder psychischen Erkrankungen ermordet. Behinderte, die die Nazidiktatur überlebten, sind nach 1945 wieder ins Schloss eingezogen. Es ist seither wieder ein von der Samariterstiftung genutzter Ort – Lebensraum, Wohnort und Arbeitsplatz für behinderte sowie psychisch erkrankte Männer und Frauen.

Spuren, die an die »Euthanasie«-Morde erinnern, werden bereits in den 1950er und 1960er Jahren sichtbar: Zwei Urnengräber, ein früher Gedenkort auf dem Friedhof der Einrichtung, und schließlich wurde 1982 die erste Texttafel, die an die Verbrechen von 1940 erinnert, aufgestellt. Der eigentliche Ort des Mahnens und Gedenkens, eine offene Kapelle, entstand 1990 mit dem Leitgedanken: »Das Gedenken braucht einen Ort.« Seit einigen Jahren gibt es auch einen »Ort der Information«, ein Dokumentationszentrum der Gedenkstätte Grafeneck. Deutsche Geschichte auf der Alb. Wir dürfen diese Verbrechen niemals verdrängen und vergessen!

In Dapfen schließlich kann jeder ruhig werden, entspannen und genießen: Im Haus »Alb-Feinkost« bietet Jürgen Weiss Salze und Essige an. Mit Ursalzen und Kräutern aus biologischem Anbau entwickelt er immer neue Produkte für Feinschmecker, die die Natur lieben.

Gleich in der Nachbarschaft empfängt Eberhard Läpple seine Gäste im »Lagerhaus«, direkt an der Lauter gelegen. Der Hausherr rühmt seine Chocolaterie: »Erlesene Genusskultur erwartet Sie. Hier kreiert unser Konditormeister köstliche Pralinen, darunter viele aus regionalen Produkten wie Kräutern, Essigen oder Weinen. Unsere Pralinen-Schokoladen sowie Tafeln aus edlen Plantagenschokoladen sind weit über die Region hinaus bekannt. In unserer Seifenmanufaktur werden Seifen, Körperbutter und Badeöle aus hochwertigen pflanzlichen Ölen hergestellt, angereichert mit verführerischen Düften.«

Das Lautertal – da ist für alle etwas geboten! ■

Gegenüberliegende Seite: Steine der Erinnerung – der jüdische Friedhof in Buttenhausen.

Münsingen, die alte Oberamts- und Kreisstadt, spielt eine herausragende Rolle in der württembergischen Geschichte. Hier wurde das geteilte Württemberg wieder geeint und damit vor mehr als 500 Jahren die Grundlagen für eine gedeihliche Entwicklung Württembergs geschaffen: Am 14. Dezember 1482 wurde im Münsinger Schloss in einem feierlichen Akt die Trennung zwischen der Stuttgarter Hälfte Württembergs und der Uracher Hälfte rückgängig gemacht.

Aber nicht nur die Geschichte, auch gute Gasthöfe sind Teil unserer Kultur. Wer auf die Alb fährt, kann immer wieder Restaurants entdecken, die geschlossen sind. Es finden sich keine Nachfolger. Die Alb aber ist ohne ihre Köche, ohne die wunderbaren Restaurants mitsamt ihren Hotels genauso wenig denkbar, wie die Alb ohne Schafe vorstellbar ist. Aber es gibt trotzdem eine schier unglaubliche Vielfalt allein im Lautertal von Münsingen bis Zwiefalten.

In der Stadt Münsingen kann man Biosphäre pur genießen. Diese Stadt hat ein kleines und schönes historisches Zentrum rund um den Marktplatz und die uralte Martinskirche, die von kleinen Gassen und Häusern umgeben wird. Wir genießen den Tag, den wunderbaren Sommer auf der Terrasse des Gasthofs »Herrmann«, der von der Familie Autenrieth bereits in der vierten Generation geführt wird. Können verbindet sich in der Küche von Küchenmeister Jürgen Autenrieth mit Phantasie und der Fähigkeit, Neues auszuprobieren. Ein gebackener Ziegenfrischkäse vom Lorettohof mit Alblinsen und einer Kräuterschaumsauce bringt die ganze Natur der Alb auf den Gaumen, weckt alle Sinne. Hervorragend. Biosphärenküche heißt hier und anderswo Natur pur. Münsingen lohnt!

Hermann König, auch er ein Biosphärenwirt, sagt: »Bei uns ist man das gewöhnt, da gibt es gegen vier Uhr nachmittags Kaffee und Kuchen.« Die vier Königs sitzen alle zusammen an einem Tisch: Rita und Hermann sowie ihre Kinder Sonja und Markus. Wir sitzen in der Gaststätte des Land- und Ferienhotels »Wittstaig« in Gundelfingen im Großen Lautertal. »Die Wittstaig«, wie das Anwesen heißt, gibt es seit dem 15. Jahrhundert, damals noch als Mühle. »Die Großeltern mütterlicherseits«, so erzählt Hermann König, »haben sich 1930 hier eingekauft. Zunächst war hier nur eine Mühle, noch heute sind Mühlsteine zu finden. Nach dem Zweiten Weltkrieg hat sich langsam der Fremdenverkehr entwickelt, es gab die ersten Gästezimmer mit fließend warmem und kaltem Wasser. Sie waren so einfach wie die Essen damals. Die Wanderer hatten oft ihr eigenes Vesper dabei und bestellten sich nur etwas zu trinken, manche konnten sich kein Zimmer leisten und schliefen im Heu. Es gab einfache Suppen, Bratkartoffeln und Braten.« Im Jahr 1980 haben Hermann und Rita geheiratet und sein Vater hat ihnen das Anwesen übergeben, er hat aber weiterhin hart mitgearbeitet.

Als Hermann König die Gaststätte übernahm, war es endgültig vorbei mit der kargen Küche der fünfziger Jahre. Fortan gab es eine ganz andere Küche: frische Forellen, frische Salate, frische Gemüse, keine Konserven mehr, und es gab edles Fleisch. Die Folge: Der Umsatz ging nach oben, das Publikum hat mitgezogen, es bestellte frische Maultaschen, Rinderlende, Wild, Geflügel, damals die »klassische gehobene Küche«. Die »Wittstaig« ist so zu einem Markennamen für eine herausragende regionale Küche geworden, wie man sie übrigens über die ganze Alb verstreut antreffen kann. Sohn Markus, auch er gelernter Koch, erzählt: »Heute ist der Konkurrenzkampf viel größer, die Leute ver-

laufen sich. Das Allgäu und der Schwarzwald haben einen Riesenvorteil gegenüber uns, sie haben zwei Mal im Jahr Saison, wir haben tatsächlich nur eine, und da müssen wir das ganze Geschäft machen. Wir sind mitten im Prozess der Veränderung. Es gibt künftig mehr Ältere, weniger Jüngere, die Energiewende wird uns noch intensiv beschäftigen, aber der Trend zur Regionalität wird anhalten, die Menschen wollen zwei, drei Tage raus aus ihren Büros. Wir sind klein, aber erfolgreich, wir sind ein Familienbetrieb, wir sind eine erfolgreiche Nische in dem großen Tourismus.« Der Sohn schaut als Biosphärenwirt optimistisch in die Zukunft, der Vater bleibt, wie er sagt, skeptischer Realist.

Dietmar Gulewitsch und seine inzwischen verstorbene Frau Hedwig waren wohl unbestritten die Ersten, die hier oben auf den Höhen der mittleren Alb den Versuch gestartet haben, eine anspruchs-

Vater und Sohn König in der Küche des Gasthofs »Wittstaig« in Gundelfingen.

HOTEL
GASTHOF
HERRMANN
HOTEL
GASTHOF
HERRMANN

volle Küche zu etablieren. Lange haben sie den Gestütsgasthof in Gomadingen-Offenhausen geführt und dann in mehreren Stufen das Landhotel »Gulewitsch« gebaut. Ihr Ruf ist bis nach Stuttgart gelangt, und durch die Nähe zum Gestüt Marbach kommen Reiter aus ganz Deutschland. Es kamen auch schon jordanische Prinzessinnen, auch der damalige Bosch-Chef Hans L. Merkle, »Gottvater«, wie er genannt wurde, mit seiner Familie. Es kamen Ministerpräsidenten, Lothar Späth und Erwin Teufel. Die Empfänge des Haupt- und Landgestüts fanden selbstredend hier statt. Tritt man aus dem Hotel, ist man mitten in der grünen Natur, Felder, Wiesen und Wälder, ein Paradies jenseits aller Autostraßen auf der Anhöhe in Offenhausen.

Dietmar Gulewitsch hat mit dem Hotel einen neuen Anfang gemacht, nachdem es von anderen Pächtern vernachlässigt worden war. Und so kann er heute, wenn er zurückblickt, zu Recht sagen: »Wir haben mit unserer feinen Küche Furore auf der Alb gemacht. Damals kochten viele Hauswirtschafterinnen in den Gaststätten, viele Metzger hatten eine Gaststätte, aber es gab wenige ausgebildete, gute Köche, und so sind wir aufgefallen. Die Schwäbische Alb ist ein wunderschönes, ein wunderbares Gebiet. Diese schwäbischen Dorfgaststätten müssen erhalten bleiben, immer mehr Lokale machen zu, aber die Gastronomie auf dem Land muss überleben, denn zu dem Tourismus, den jeder hier haben will, gehören gute Gaststätten dazu – aber wie?«

Wir sitzen auf der Terrasse, neben uns sitzt Jürgen Autenrieth vom Herrmann in Münsingen mitsamt seiner Frau. Sie essen, erholen sich von ihrer anstrengenden Arbeit und sprechen mit Dietmar Gulewitsch über die Zukunft des Biosphärengebiets. Keine erbitterte Konkurrenz, sondern eine gute Nachbarschaft, in der man sich gegenseitig auch einmal hilft, wenn Not am Mann ist.

Auch in Ödenwaldstetten mit seinem preisgekrönten Hotel lässt es sich aushalten. Auch hier ist der Generationenwechsel gelungen, die Brü-

Gegenüberliegende Seite: Lichtblick für Genießer – Gasthof »Herrmann« in Münsingen.

Bierseminar im Gasthof »Lamm« in Ödenwaldstetten.

der Speidel haben mitsamt ihren Familien ihr Erbe angenommen und etwas Einzigartiges, eben »Speidel's Braumanufaktur«, daraus gemacht. Karg wie die Alb sollte das Hotel sein, schon jetzt ist es für die Alb ein architektonisches Markenzeichen. Hier wurden Holz, Glas und Beton miteinander so verbunden, dass sich jeder Gast augenblicklich wohlfühlt. In dem von den Gebäuden der Brauerei und des Hotels umgebenen Innenhof lässt es sich herrlich speisen, mit Schweinshäxle, Lammkeule und dem hier selbst gebrauten milden Bier. Auch kann hier jeder sein eigenes Bier brauen, ganze Seminare handeln von der Entstehung des Bieres, ein zukunftsträchtiges Konzept!

Das hat auch die Familie Tress erreicht: Drei Generationen der Großfamilie arbeiten aktiv und leidenschaftlich in den Betrieben mit: angefangen bei Oma Seffa, deren Kartoffelsalat-Rezept legendär und nach wie vor Bestandteil der Speisekarte ist; Mutter Inge Tress, ohne deren Erfahrung und spürbarer Lebensfreude alles nichts wäre; die vier Söhne Daniel, Simon, Christian und Dominik. Daniel leitet das Ausflugsziel »Wimsener Höhle« mit seinem Restaurant; außerdem organisiert er kulinarische Events wie Hochzeiten und Empfänge auf Schloss Ehrenfels. Daniels Frau Stefanie ist, neben Inge Tress, für den Hotel- und Restaurantbereich zuständig. Simon Tress, der Zweitälteste, leitet die Küche der »Tress-Bio-Gastronomie«. Christian ist zuständig für die Lohn- und Finanzbuchhaltung des Familienbetriebes, während sich Dominik um das Finanzwesen und Controlling kümmert.

Maßgeblich für die Entwicklung der »Rose« war das Jahr 1950, als Großvater Johannes Tress den biologisch-dynamischen Gedanken aus französischer Kriegsgefangenschaft mitgebracht hatte. Noch im gleichen Jahr wurde der Bauernhof in Hayingen-Ehestetten auf biologisch-dynamische Demeter-Richtlinien umgestellt. Über die Jahre hat sich das Familienunternehmen vom klassischen Demeter-Bauernhof zu einem mittelständischen Bio-Unternehmen weiterentwickelt. Das Essen ist nicht nur »bio«, es ist spitze! Die Dinkel-Bratlinge auf Kräuterschaum sind ebenso wie die Lammkeule mit ihren Kräutern direkt aus dem Gewächshaus ein Gedicht – zumal an lauen Sommerabenden draußen im großen Innenhof des Anwesens. Alle ihre Auszeichnungen hat die Küche zu Recht erhalten. Zu den Kochkursen mit Simon Tress muss man sich beizeiten anmelden, sie sind schnell ausgebucht. Es ist eben auch Hochkultur, Hohensteiner Weidelamm mit Simon Tress zuzubereiten und dann zusammen an der langen Tafel miteinander zu speisen.

Die Schwäbische Alb – Biosphäre pur! ■

Es ist Sommer. Die Sonne scheint, der Wind weht, wir sind allein. Am Wegesrand stehen Eichen, Buchen, Ahornbäume. Auf den Apfelbäumen wachsen kleine rote Früchte, wilder Majoran gedeiht, große Disteln blühen, Schlehensträuche tragen viele Früchte, es gibt auch Hagebutten. Die Natur ist wunderschön. Wären nicht fast alle Seitenwege gesperrt – und »Lebensgefahr!«, steht überall auf den Verkehrsschildern –, man könnte glauben, man sei in einem Paradies angelangt.

Wir sind auf dem Weg von Trailfingen nach Gruorn. Auf dem kleinen Friedhof rund um die Stephanuskirche sind die meisten Gräber gepflegt, viele Steine aber sind verwittert, und auf den Gräbern selbst wachsen Lilien, Schafgarben, Kamille, wunderschöne Ringelblumen, Stiefmütterchen und Glockenblumen. Ein einzigartiger Friedhof. Die kleine Kirche ist geschlossen, wir gehen zum Schulhaus, wo sich eine »Einkehr« befindet. Und wir haben Glück. Gerade schließt Ingrid Kuhnle auf, wir dürfen das Haus betreten. Wir bekommen köstlichen Kaffee, frische Butterbrezeln und sie schließt uns auch die Kirche auf. »Sie haben es ganz schön einsam hier oben«, sage ich. Mit ihrer Antwort spricht mir aus dem Herzen: »Das ist ja das Schöne hier!« Sie arbeitet für das Komitee zum Erhalt der Kirche in Gruorn. »Gruorn lebt weiter.«, sagt sie.

Vergangenheit und Gegenwart sind hier eine einzigartige Verbindung eingegangen. Wir leben heute im Südwesten auf einer Insel der Seligen, seit fast siebzig Jahren herrscht Friede in und um Deutschland. In der Geschichte Mitteleuropas war eine solch lange Friedensperiode bisher ebenso ein Ausnahmezustand wie der Wohlstand, der heute auf der Alb herrscht. Krieg, Nöte und Krankheiten haben das Leben auf der Alb über Jahrhunderte bestimmt.

Hier in Gruorn wird die Vergangenheit, die so weit entfernt scheint, wieder lebendig. Das ist auch der Sinn eines Besuches hier. Die Nationalsozialisten haben das ganze Dorf evakuiert, nachdem man den Bewohnern erklärt hat, dass sie ihre Heimat verlassen müssten. Denn die Nazis brauchten für ihre Kriege immer größere Truppenübungsplätze.

Heute dürfen sich Besucher nur auf den ausgewiesenen Straßen und Wegen bewegen, aber früher sind die Soldaten durch das ganze große Gebiet des Truppenübungsplatzes bei Münsingen gejagt worden. Heute können sich nur die rund 30 000 Schafe

Auf dem Friedhof von Gruorn: Kriegerdenkmal für die Gefallenen des Ersten Weltkriegs.

Folgende Doppelseite: Das ehemalige Dorf Gruorn – nur Kirche und Schulhaus stehen noch.

auf dem Gelände frei bewegen. Überall könnte sich alte Munition befinden.

Neben dem alten Schulhaus von 1881 steht eine wunderschön gewachsene hohe Dorflinde, sie blüht aus ganzer Kraft, unter der Linde sind Bänke und dort lässt sich trefflich über Krieg und Frieden sinnieren und darüber, in welch glücklichen Zeiten wir heute leben. Vom Dorf selbst ist außer dem ehemaligen Schulgebäude und der uralten Kirche fast nichts mehr zu sehen. Dort, wo früher Häuser standen, wo Straßen durch das Dorf führten, dort sind heute Obstbäume, Sträucher und Wiesen. Dabei haben vor einhundert Jahren immerhin rund 700 Menschen in dem armen Dorf auf der Alb gewohnt. Ein paar Grundmauern sind noch zu erkennen, auch sie zugeschüttet und überwachsen, überwuchert. Nur im Museum ein Stockwerk über dem Lokal sind Zeugnisse des aufgelassenen Dorfes und seiner Bewohner zu sehen.

»Ja, wir sind das Herzstück des Biosphärengebiets«, sagt Ingrid Kuhnle stolz und sie meint damit nicht nur Gruorn, sondern den ganzen ehemaligen Truppenübungsplatz. Das Biosphärengebiet Schwäbische Alb ist eine einzigartige Landschaft, in der Kultur, Zivilisation und Natur eine unauflösliche Verbindung eingegangen sind. Die Alb ist zum einen UNESCO-Geopark – der Begriff »Geopark« ist ein Prädikat für Gebiete, die wie die Alb eben über ein besonders reichhaltiges geologisches Erbe verfügen – und Teile der Alb mit dem alten Truppenübungsplatz bei Münsingen sind seit einigen Jahren UNESCO-Biosphärengebiet. Das sind »Modellregionen mit hoher Aufenthalts- und Lebensqualität, in denen aufgezeigt wird, wie sich Aktivitäten im Bereich der Wirtschaft, der Siedlungstätigkeit und des Tourismus zusammen mit den Belangen von Natur und Umwelt gemeinsam innovativ fortentwickeln können.«

Der ehemalige Truppenübungsplatz Münsingen ist in der Tat eine einzigartige Kulturlandschaft. Denn durch die militärische Nutzung wurde dieses Gebiet hundert Jahre lang von Straßenbau, Siedlungsbau und von Flurbereinigung ebenso verschont wie von intensiver Landwirtschaft. So ist hier eine einmalige Parklandschaft entstanden, die nur durch Schafe gepflegt wurde und immer noch wird. Dieser Modell-Lebensraum soll natürlich auch in der Energiewende und bei der Fortbewegung ein Vorbild für das ganze Land werden. E-Bikes sind in der Tat nicht nur für Ältere geradezu wie geschaffen, um sich auf der Alb mit ihren Bergen und dem Trauf zu bewegen.

Am Trauf weht der Wind am stärksten, so dass dort bald überall Windkrafträder stehen könnten. Das wird noch Konflikte mit dem Naturschutz geben.

Im Biosphärenzentrum im Alten Lager in Münsingen kann sich jeder umfassend über das Biosphärengebiet informieren. Es ist hervorragend gestaltet, es macht Spaß, die Filme anzusehen und dem Büffelzüchter Willy Wolf oder dem Biosphärenbotschafter Fritz Merkle zuzuhören. Merkle stellt die alten Kulturlandschaften vor, die Wacholderheiden wie die Hang- und Schluchtwälder, die Höhlen, die Felsformationen und die Hutebäume. Wie in der wunderbaren Landschaft des Biosphärengebiets gibt's auch im Biosphärenzentrum immer wieder Neues zu entdecken.

Für mich ist es am schönsten, mich hinzusetzen und das Gerede der Älbler über die Städter und das der Städter über die Älbler anzuhören. Wie es Nachbarn halt tun, ziehen sie übereinander her, dass kein Auge trocken bleibt. Wie die Städter die Alb sonntags überfallen und alle Wirtschaften besetzen und überall dort parken, wo sie glauben, parken zu dürfen, wird in herrlich breitem Schwäbisch ebenso erzählt wie die Klagen der Städter über die Älbler, die am Samstag in die Stadt einfallen wie die Hornissen. Das wird gern einmal in einem Witz auf den Punkt gebracht: »Was sind die drei Geißeln der Menschheit? – Lepra, Cholera und von dr Alb ra!«

Da dürfte sich doch inzwischen einiges getan haben, was dies widerlegt! ■

Gegenüberliegende Seite: Der ehemalige Truppenübungsplatz Münsingen ist das Zentrum des Biosphärengebiets Schwäbische Alb.

Mitten in Reutlingen: Reiher am Echazuferweg.

Reutlingen hat ein Herz. Reutlingen hat eine Seele. Reutlingen hat Barbara Bosch. Als die junge Kandidatin im Jahre 2003 Oberbürgermeisterin von Reutlingen werden wollte, hat sie sich zusammen mit ihrem Mann Friedemann Kuhn die Stadt genau angeschaut. Ob das zusammenpassen würde? Die alte, ehemalige Freie Reichsstadt und sie, die junge, intelligente, dynamische und ehrgeizige Frau, die in Stuttgart aufgewachsen ist und sich in Fellbach ihre ersten kommunalpolitischen Sporen verdient hatte. Ihr Mann hat damals zu ihr gesagt: »Hier in Reutlingen bist du richtig, hier kannst du anpacken, hier kannst du etwas bewegen, hier kannst du etwas verändern!«

Gesagt, getan. Heute hat sie die meisten Reutlinger für sich eingenommen und sie liebt ihre Reutlinger. Sie hat der Stadt und ihren Bürgern das Selbstbewusstsein zurückgegeben, den Stolz auf die Stadt. Beides war irgendwo zwischen der Landeshauptstadt Stuttgart und dem Ort des Geistes Tübingen zerbröselt. Aber Barbara Bosch hat nicht nur den Schwörmontag wieder eingeführt, sie hat die Ärmel hochgekrempelt und schier Unglaubliches erreicht. Als die Bürger merkten, dass Barbara Bosch es ernst meint mit ihrem Engagement für Reutlingen, ja, dass sie ihr Herzblut für diese Stadt gab und gibt, da konnte mit einem Mal eine neue Stadthalle im Zentrum der Stadt gebaut werden. Und genauso wichtig: Endlich wurde eine Umgehungsstraße in Angriff genommen. Auf beides hat die Stadt, haben ihre Bürger jahrzehntelang gewartet. Es war ein historisches Fest, als die Festhalle mit einem Konzert eröffnet wurde, und es wird wieder ein historischer Festtag für die Großstadt am Fuße der Schwäbischen Alb werden, wenn die Umgehungsstraße mitsamt dem Scheibengipfeltunnel im Jahr 2017 eröffnet wird.

Reutlingen war über Jahrhunderte hinweg eine freie Reichsstadt, umgeben von Württemberg – auf der Achalm saßen württembergische Soldaten und waren eine Bedrohung für die Stadt. Barbara Bosch ist es vor einigen Jahren gelungen, diese geschichtsträchtige Achalm, das Wahrzeichen der Stadt, diesen großen Zeugenberg, für Reutlingen zu erwerben. Reutlingen ist ihre Lebensaufgabe, deshalb kam für sie auch ein Wechsel nach Stuttgart nicht in Betracht, als die Stuttgarter im Herbst 2012 einen Nachfolger für Wolfgang Schuster wählten. Nein, Barbara Boschs Leben ist untrennbar mit Reutlingen verbunden und umgekehrt.

Wie entsteht so eine Symbiose, so ein Glücksfall? Zunächst einmal hat das Leben der Bürger in einer freien Reichsstadt Spuren hinterlassen. Sie hatten viele Möglichkeiten, ihr Zusammenleben selbst zu bestimmen. Das führte früh zu wirtschaftlichem Handeln und Leben in eigener Verantwortung. Bis heute ist das so geblieben. Barbara Bosch meint dazu: »Es gab und gibt eine Grundskepsis gegenüber allem, was von oben kommt, wie damals von Stuttgart.« So ist es für sie auch kein Zufall, dass sich der renitente Pfarrer Gustav Werner hier in Reutlingen niedergelassen hat, dass Reutlinger Bürger ihn unterstützt haben. Eigenes Denken, renitentes Denken, Misstrauen gegen jede Obrigkeit – das alles klingt sehr modern, ist aber tief in der Geschichte Reutlingens verwurzelt. Auch Barbara Bosch liebt es, »gegen den Strich zu denken und neue Lösungen zu suchen«. Daraus ergab und ergibt sich die gegenseitige Anziehungskraft zwischen Reutlingen und seinem Stadtoberhaupt.

Barbara Bosch ist stolz auf die Internationalität der Hochschule, auf die Sicherheit in Reutlingen – »die sicherste Großstadt in Baden-Württemberg!« – und sie freut sich über die Mischung zwischen Urbanität und kleinen Stadtbezirken mit ihren modernen Wohnungen. »Ich genieße die Alb sehr, wir wandern, ich reite, von meinem Haus aus sehe ich jeden Morgen den wunderschönen Albtrauf mit all seinen Schattierungen und Färbungen je nach Wetter und je nach Jahreszeit.« Die Oberbürgermeisterin freut sich, dass Reutlingen selbst auch Anteil am Biosphärengebiet der Alb hat, »denn natürlich ist es schön, Linsen von hier zu essen und mit regionalen Produkten zu kochen.«

Sommerabend am Reutlinger Gartentor.

Reutlingen ist außer Wien die einzige Großstadt, die Teil eines Biosphärengebiets ist! Der Listhof, eine moderne Umweltbildungseinrichtung, bietet verschiedenste Veranstaltungen und Aktionen für Jung und Alt an. Dabei ist es wichtig, Naturerlebnis, Naturerfahrung, Umweltinformation und handlungsorientierte Umweltbildung miteinander zu verknüpfen. In unmittelbarer Nähe des Umweltbildungszentrums erstreckt sich das Naturschutzgebiet Listhof, ein ehemaliges militärisches Übungsgelände. Da diese Flächen von intensiver landwirtschaftlicher Nutzung weitgehend verschont blieben, konnte sich eine große Zahl seltener Tier- und Pflanzenarten ansiedeln. So zeichnet sich der ehemalige Truppenübungsplatz durch sein vielfältiges Artenvorkommen von Vögeln, Wildbienen, Libellen, Schmetterlingen und Heuschrecken aus.

Das Rathaus in Reutlingen ist ein markanter Bau aus den frühen sechziger Jahren, ein Klassiker aus Beton, Glas und Holz mit schönen Sitzungssälen und eindrucksvollen Werken von HAP Grieshaber, der auf der Achalm gelebt hat. Vor dem Rathaus gibt ein munterer Markt ein schönes Bild ab. Hier gibt es im Sommer herrliche Beeren, frische Äpfel und neue Kartoffeln. Steinpilze aus der Umgebung gibt es ebenso wie frische Kräuterseitlinge. Viele Produkte wie der wunderbare Ziegenfrischkäse kommen von der Alb oder auch vom Remstal. Man kauft ein, man schwätzt, man kennt sich, man ist mit sich und seinem Leben zufrieden.

Reutlingen wird ähnlich wie Stuttgart von Stadtautobahnen durchzogen. Und wie in Stuttgart viele Fremde die Innenstadt durchqueren, ohne beispielsweise die Schönheiten des Bohnenviertels wahrzunehmen, so fahren viele Fremde durch Reutlingen hindurch, ohne die Echaz zu entdecken. Es gibt aber kaum schönere Ecken als den Reutlinger Echazuferpfad. Der Pfad führt parallel zur Lederstraße direkt in die Natur. Stillstehende Mühlräder erinnern an die Vergangenheit der Stadt als Textilort. Wild wuchernde Bäume und Pflanzen säumen den kleinen Fluss. Wer Glück hat und sich vorsichtig bewegt, kann scheue Graureiher auf ihrem Flug beobachten und im Wasser Elritzen und Bachforellen. Es ist ein kleines Paradies, der Fluss ist auf diesem kurzen Stück wieder in seinen ursprünglichen Zustand versetzt worden. Hier an der Echaz rauscht das Wasser, nicht der Verkehr. Wie schön Reutlingen sein kann!

Gegenüberliegende Seite: moderne Architektur in Reutlingen.

Auf dem Rückweg in die alte Reutlinger Innenstadt lässt es sich hervorragend im »Ristorante Pfauen« essen. Auf der einen Seite ragt das Grün der Bäume an der Echaz heraus, an der B 312 stehen schön gewachsene Platanen und der Italiener »Pfauen« liegt direkt an einem Stück der alten Stadtmauer. Der Verkehrslärm stört kaum, vielleicht weil das Essen, wunderbares selbst gebackenes Brot und Ravioli in Trüffelsauce, so herrlich mundet.

Vorbei an der schönen alten Marienkirche, besuche ich eine einzigartige Reutlinger Einrichtung, die ich zumindest aus keiner anderen Gemeinde kenne: die Nikolaikirche. Sie war schon immer etwas Besonderes. Wie durch ein Wunder hat sie den Brand von 1726 überstanden, obwohl das Feuer in einem Nachbarhaus ausgebrochen war und der verheerende Brand fast die ganze Innenstadt zerstört hat. Man hat die Kirche später als Warenlager genutzt. Auf königlichen Wunsch überließen die protestantischen Reutlinger die Kirche großzügig der wachsenden katholischen Gemeinde. Aber seit einigen Jahren haben evangelische und katholische Kirchen gemeinsam das Projekt »Citykirche Reutlingen« in der Nikolaikirche begonnen. Ein ökumenischer Ort der Begegnung ist hier entstanden, in dem jeder Atem holen, zu sich selbst finden kann. Man kann allein die Ruhe genießen, Ausstellungen ansehen oder sich an Menschen wenden, die gerne zuhören.

Ursula Bolz, ein ehrenamtlicher »Engel« der Citykirche, ist aufmerksam, aber nicht aufdringlich. Sie erzählt über die Möglichkeiten hier im Hause, über die Freude, hier Menschen behilflich

sein zu können, und sie erzählt von der Geschichte der alten Kirche. Es herrscht eine warme Atmosphäre, an der Decke ist Holz, der Boden ist aus rotem Stein, ein riesiges lila Sofa bildet eine kleine Abgrenzung zum Café »Nikolai«. Auch dieses Café ist etwas Besonderes. Denn es wird von der BruderhausDiakonie betrieben. Menschen mit Handicap arbeiten hier ganz selbstverständlich, niemand drängt zur Eile, hier wird niemand ausgegrenzt, hier gelingt Integration. Die ganze Einrichtung könnte ein Reutlinger Exportschlager werden!

Gustav Werner zählt wie Robert Bosch zu den ganz großen Menschen, die die Alb hervorgebracht hat. Robert Bosch war eben nicht nur Tüftler, sondern hat sich auch für Völkerverständigung eingesetzt, als die meisten noch jubelten, wenn es in den Krieg ging. Und er hat den Achtstundentag in seinem Unternehmen eingeführt, als die meisten ihre Arbeiter noch ausgenutzt haben. Gustav Werner wiederum wollte »Gott in den Maschinensaal« bringen. Das hat er tatsächlich erreicht, wie noch heute die BruderhausDiakonie beweist. Werner jedenfalls sagte: »Entweder geht die aufblühende Industrie mit ihren die Volksgemeinschaft schädigenden Grundsätzen der freien Konkurrenz, der Lohnsklaverei, der rücksichtslosen Durchsetzung kapitalistischer Erwerbsgesetze einem totalen Materialismus entgegen, was die Verarmung breiter Volksmassen zur Folge haben könnte, oder es ist möglich, die Industrie mit christlichen Grundsätzen zu durchdringen, die Fabrik zu einem Tempel Gottes auszubauen, die Arbeit dem Dienste Gottes unterzuordnen.« Das ist in die heutige Sprache übersetzt ein leidenschaftliches Plädoyer gegen den entfesselten Kapitalismus, wie wir ihn heutzutage wieder erleben, ein Plädoyer für die soziale Marktwirtschaft, die auch auf die Schwachen Rücksicht nimmt. Werner wollte »Arbeit statt Almosen«, in der BruderhausDiakonie lebt sein Gedanke weiter.

Reutlingen kann stolz sein, auf seine Geschichte, seine Bürger, auf seine Gegenwart! ■

Das Heimatmuseum in Reutlingen ist in einem historischen Fachwerkhaus untergebracht.

Ein Morgen im Hochsommer: Auf der Höhe bei Münsingen hat es morgens gerade einmal fünf Grad, unten sind es einige mehr. Ein idealer Tag zum Wandern. Also mit dem Auto die Seeburger Steige hinunter, die Straße ist nicht steil, die Kurven sind sanft, die Wälder stehen in saftigem, sommerlichem Grün, die Felsen verleihen der Landschaft wie fast überall auf der Alb ein abenteuerliches, ursprüngliches Aussehen.

Wir fahren seitlich an Urach vorbei, links zu den Parkplätzen, dem Ausgangspunkt für den Aufstieg zum Hohenurach, einer der schönsten Burgruinen der Alb. Zunächst führt der Weg im Maisental am Brühlbach entlang, einem Zufluss der Erms, Richtung Wasserfall. Zur linken Seite der klassische Wald der Schwäbischen Alb: Buchen, Eichen, Eschen, Bergahorn, Ulmen und Linden. Rechts im Blick die Wiesen: Wegwarten, Margeriten, Storchschnabel, Wiesenbocksbart, Schafgarben, Glockenblumen, Salbei – die Natur zeigt sich von ihrer schönsten Seite, die Seele blüht auf. Oben lockt eine herrliche Aussicht.

Aber zunächst ein Blick auf den faszinierenden Wasserfall. Das Wasser kann im Winter gefrieren und die bizarrsten und schönsten Eisformen hervorbringen. Aber der Wasserfall lohnt zu jeder Jahreszeit, allein das stetige Rauschen entspannt Herz und Seele.

Jetzt aber gehe ich weiter zur Wasserfallhütte, einem einfachen Holzbau, der vom Hotel »Graf Eberhard«, selbstverständlich einem »Biosphärengastgeber«, bewirtschaftet wird. Das »Graf Eberhard« gehört Edeltraud und Peter Schmid. Schmid ist einer der umtriebigsten Hoteliers in Baden-Württemberg. Das heißt, es gibt nicht nur unten im Tal auf der Terrasse und in dem Restaurant herrliche einheimische Essen. Nein, hier oben in der Wasserfallhütte erhalte ich selbstverständlich frisch gebackenes Brot – ohne Backzusätze! – mit einer ebenso selbst gemachten leckeren Leberwurst. Ab und zu ein paar kleine Regenschauer sind unter den Wipfeln der Bäume kaum zu spüren, sie mindern den Genuss des Essens draußen in einer kleinen Lichtung vor dem Wasserfall in keiner Weise.

Oben auf der Burgruine Hohenurach angekommen, erst einmal tief durchatmen, die Luft ist wunderbar rein, der Blick hinunter herrlich. Dann das Mauerwerk inspizieren. Steine sind aus der Ruine herausgebrochen. Wind und Wetter tragen zur Verwitterung, zum Verfall bei. Zäune schützen die Besucher. Dann aber die steile Treppe hinunter! Gott sei Dank habe ich Karin, eine erfahrene Kletterin, als Begleitung dabei. Sie springt auf den uralten, ausgetretenen Stufen herum wie eine junge Geiß, wenn der Ausdruck erlaubt ist, und sie hält

Die Schokoladenseite von Bad Urach: der Marktplatz.

Wellness in den AlbThermen Bad Urach.

Gegenüberliegende Seite: auf der Ruine Hohenurach – Zimmer mit Aussicht.

mir die Hand, wenn es mir zu kurvig und zu steil wird. Denn ein Geländer gibt es hier nicht.

Unten erwartet uns wieder die Blumenpracht des Sommers, und wir beschließen, die Uracher Albthermen zu besuchen. Von den Thermen, den heißen, runden Außenbecken, umgeben von Büschen und Sträuchern, sieht man auf die Burg. Die Abhänge des Hohenurach sind lindgrün, dort blüht im Frühjahr der Flieder und die Ruine erglänzt morgens im Sonnenschein, ein wunderbarer Anblick, der die Hitze des Wassers erträglicher macht.

Die Außenbecken sind ein wunderbarer Ausgleich für die Mühen des Auf- und des Abstiegs. Das angenehm warme Becken löst mit seinen Düsen so manche Verspannung. In der Sauna vergesse ich vollends die Mühen des Alltags. Markus, der Aufgießer, sagt lächelnd: »Jetzt überschreiten wir kurz die Schmerzgrenze, aber das ist nichts Schlimmes!« Und in der Tat: die Haut brennt, an den Ohren zieht es, schnell hinaus unter die Schwallbrause. Jeder Saunagast weiß um die befreiende Wirkung solcher Durchgänge.

Die Albthermen zählen seit ihrer Renovierung unbestritten zu den schönsten Thermalbädern in Deutschland. Die offene, gläserne Haupthalle wirkt leicht und luftig und draußen ist es eh bei jedem Wind und Wetter schön. Im grauen November ist es unglaublich entspannend, im heißen Außenbecken vor sich hin zu träumen, den Hohenurach mit den Augen zu suchen, der hinter Nebelschwaden verborgen ist, und dann Steinmännle zu bauen. Am Rande des Beckens liegen schöne alte Steine unterschiedlichster Größe, grau, schwarz, rötlich, bräunlich. Sie erzählen von der Millionen Jahre währenden Geschichte und Entstehung der Alb.

Die Kunst ist es, so viele Steine wie möglich aufeinanderzuschichten. »Haben Sie das in Nepal gesehen, im Himalaya?«, fragt mich eine ältere, weißhaarige Dame. Ein älterer Mann dagegen glaubt zu wissen, dass ich die Kunst des Steinmännle-Bauens bei den Pfadfindern erlernt habe. Es macht aber einfach Spaß.

Die kleine Stadt mit ihren rund 12 000 Einwohnern liegt am Fuß der Alb. Man läuft sich hier über den Weg, man kennt sich. Ich sitze am wunderschönen Marktplatz mit seinen historischen Fachwerkhäusern im Café »Ruf«, einer Uracher Institution mit Tradition, in der dritten Generation im Familienbesitz, jetzt von Katharina Höner geführt. Spätestens auf dem Wochenmarkt am Mittwoch und am Samstag treffen sich alle, die miteinander reden wollen, der Markt ist ein großes Kommunikationsforum. Katharina Höner: »Ich brauche das, ich will keine Anonymität, ich will es gerne persönlich.« Sabine Hunzinger, mit der ich im Café sitze, hat eine Buchhandlung am Markt, schräg gegenüber vom Café »Ruf«. Sie ist die Einzige in der Stadt und selbstredend ebenfalls ein Ort der Kommunikation. Sabine Hunzinger veranstaltet Lesungen, organisiert Vorträge und gestaltet Diskussionsrunden. Zwar ist sie erst seit 2005 in Bad Urach, aber sie sagt: »Mein Eindruck jedenfalls ist, dass ich akzeptiert werde, dass die Uracher mich mögen.« Keine Selbstverständlichkeit in den gewachsenen Strukturen der Kleinstadt mit ihren vielen Traditionen!

Der Uracher Wasserfall: ein nasses Vergnügen.

Sabine Hunzinger engagiert sich in und für Bad Urach. Es gibt auch Anlass, sich einzumischen. Denn es hat heftigen Streit gegeben, wie die Zukunft der Stadt gestaltet werden soll, ob man sich für die neuen Einkaufszentren engagieren soll, was der Gewerbeverein tut – oder ob diese neuen Zentren nicht das Leben in der Innenstadt, gerade am Marktplatz, zerstören werden, ja, ob Bad Urach seine Zukunft verschläft und friedlich vor sich hindämmern wird. »Wir sehen das als Chance zu einem neuen Aufbruch. Urach war lange verwöhnt von den Kurgästen, dann ist es in einen Dornröschenschlaf verfallen – und jetzt, sehen Sie selbst: Alle Häuser am Marktplatz sind wunderschön renoviert, man stellt sich auf die Konkurrenz der neuen Einkaufszentren ein. Der Marktplatz ist ein Schmuckstück geworden, und wer in die Einkaufszentren geht, der wird auch unseren Marktplatz besuchen. Davon sind wir überzeugt. Wir müssen mehr Menschen aus der Umgebung hierherlocken, bisher war Urach als Einkaufszentrum mehr oder weniger tot.«

So ist Sabine Hunzinger eine engagierte Uracher Bürgerin geworden, die mitgeholfen hat, den Stillstand zu überwinden, Bewegung in die kleine, alte, schöne Stadt zu bringen. »Wenn man von den ursprünglichen Einheimischen angenommen wird, ist das sehr schön. Hier gibt es nur kurze Wege, man ist sehr schnell in Stuttgart, zumal seitdem die Umfahrungsstraße bei Metzingen fertiggestellt ist.« Ja, Sabine Hunzinger ist stolz auf ihr Bad Urach: »Wir haben einen tollen Marktplatz, wir haben Kultur, wir haben das Schloss und die Thermen, wir haben den Schäferlauf, der hier in den Familien noch eine sehr große Rolle spielt – oft genug über Generationen hinweg.« Und wenn sie auf Verkrustungen trifft, dann traut sie sich, ein offenes Wort zu sagen: »Ich kann hier als Neuzugang Dinge aussprechen, die sich andere nicht trauen.« Denn natürlich heißt es auch hier oft wie fast überall: »Ja früher, ja damals, das haben wir aber immer so gemacht, das haben wir noch nie so gemacht.«

Eine Stadt in Bewegung! ■

Es ist harte Arbeit. Jedes Schaf ist in weniger als drei Minuten geschoren und am Abend sind alle 750 Tiere des Wanderschäfers Harald Höfel von der Winterwolle befreit. Die Tiere frieren, es ist ja erst April, wenn die Schafschur ansteht. Aber zum Lammen im Mai passt das Winterkleid nicht mehr. Fünf Kerle arbeiten da im Akkord, die Merino-Schafe werden durch einen engen Gang getrieben, sie lassen die sicherlich nicht angenehme Prozedur geduldig über sich ergehen. Alle Schafe haben eine Marke im Ohr, so lässt sich später jedes Fleischstück zurückverfolgen. Die Wolle kommt in einen großen Sack, in dem ein Mann steht, der sie mit seinen Füßen zusammenquetscht. Ein Schaf liefert etwa drei bis vier Kilo Wolle. Pro Sack werden bis zu 80 Kilogramm Wolle gesammelt.

Die jungen Scherer selbst werden angeführt von Felix Riedel, er ist bei den deutschen Schafschurmeisterschaften Dritter geworden. Scheren ist Schwerarbeit und Hochleistungssport zugleich. Es ist faszinierend, in welcher Geschwindigkeit und wie professionell hier gearbeitet wird. Die jungen Männer schaffen jeder für sich bis zu 200 Tiere am Tag. Jeder Scherer hängt nach vorn gebeugt in einem Tragegestell, damit sein Rücken entlastet wird. Den ganzen Tag lang arbeiten sie gebückt. Und Harald Höfel, der Wanderschäfer vom Heuberg bei Meßstetten, hat heute Glück: Es regnet nicht, obwohl der Himmel sehr verhangen ist. Die Tiere müssen für die Schur trocken sein.

Ralf Braun ist seit einigen Jahren der Kompagnon von Harald Höfel. Er ist jung, Ende zwanzig, und hat erst einen Metallberuf erlernt. »Aber ich wollte, ich will mit Tieren zusammen sein, ich will in der freien Natur sein.« Selbst Harald Höfel hat ihm geraten: »Lern doch erst mal was Rechtes!« Aber Ralf Braun hat den Schritt zum Schäfer nicht bereut. Und so zieht er mit Harald Höfel und den 750 Schafen herum. Im Sommer stehen die Tiere auf der großen Weide – es sind rund 250 Hektar – auf dem Truppenübungsplatz in Stetten am kalten Markt. Im Herbst wandern sie nach Nusplingen und im Winter an den Bodensee. Die Tiere werden natürlich ernährt, sie sind nur während der Schurzeit bei Nacht im Stall.

Es gibt nur noch wenige Wanderschäfer auf der Alb, die diese traditionelle Schafhaltung betreiben. Ihr gemeinsames Jahr, das Schäferjahr, beginnt am 10. April mit dem Almauftrieb auf die Sommerweide auf dem Heuberg. Hier grasen die Schafe bis

Schäfer Harald Höfel auf Wanderschaft.

zum Oktober. Drei bis vier Wochen vor der Lammzeit wird geschoren, also noch im April. Dann müssen die Tiere abends in den Stall, weil es draußen zu kalt ist. Die Weide auf dem Heuberg ist fast 1000 Meter hoch, da wächst um diese Jahreszeit auch noch nicht genügend Gras, um die Tiere satt zu bekommen, deshalb muss während dieser Zeit zugefüttert werden. Nach der Lammzeit im Mai und im Juni weiden die jungen Tiere auf den kräuterreichen Flächen bis in den Herbst hinein. »Und im Oktober gehen wir«, so erzählt Ralf Braun, »auf die Herbstweide nach Heinstetten und Nusplingen. Über die Winterzeit in die Bodenseeregion. Von Stockach bis nach Friedrichshafen. Vom 15. März an laufen die Winterweiden aus. Dann treten wir wieder die Heimreise an.«

»Wir sind ein europäisches Kulturgut«, sagt Harald Höfel. Da hat er Recht. Wer kann sich die Alb ohne Schafe vorstellen, ohne ihre zivilisatorische Arbeit auf den Wacholderheiden? Eben. »Aber«, so Harald Höfel, der nun seit mehr als dreißig Jahren auf Wanderschaft ist, »unser Problem ist es, dass wir uns nicht von unserer Arbeit, von unserer Produktion ernähren können. Wir leben nur zu 50 Prozent davon. Der Rest sind öffentliche Gelder von der EU, vom Bund, vom Land Baden-Württemberg. Es sind Ausgleichszahlungen, in der EU gibt es ein starkes Preisgefälle beim Lammfleisch. Es ist eigentlich sehr traurig«, sprudelt es aus dem engagierten Schäfer heraus, »dass wir so von diesen Zahlungen abhängig sind. Als Schäfer brauchen Sie gute Nerven, das Wetter ist unberechenbar, die Seuchen auch, aber auf die Programme der EU und die Kontrolleure hat man überhaupt keinen Einfluss. Wenn sich da etwas ändert, und jedem Kontrolleur sind andere Dinge wichtig, dann kannst du schnell vor dem Bankrott stehen. Am liebsten«, so seufzt er auf, »am liebsten würden wir natürlich von unserem eigenen selbstverdienten Geld leben. Aber gegen die Weltmarktpreise haben wir keine Chance, deshalb können wir nicht autonom leben. Ich habe es trotzdem nicht bereut, Schäfer

Gegenüberliegende Seite: Schafe sind die Hüter der Alblandschaft.

Die Schafe werden im Akkord geschoren.

zu werden. Wenn ich drei oder vier Tage im Büro arbeite, dann muss ich hinaus in die Natur und zu meinen Tieren. – Obwohl gerade wir Wanderschäfer zurzeit ein Riesenproblem haben. Früher gab es kleine Herden, jetzt haben wir 750 Tiere – und das Land wird immer weniger. Die meisten Biogasanlagen werden mit Mais betrieben, der Maisanbau, diese ganzen Monokulturen nehmen uns den Platz weg, den wir für unsere Herden brauchen. So gibt es in Baden-Württemberg noch 183 hauptberufliche Schäfer, aber nur noch 25 Wanderschäfer. Wir sind ein aussterbendes Kulturgut! Es geht nicht mehr, dass Schäfer im Oktober auf die Winterweide gehen und dann im Frühjahr erstmals wieder ihre Familie sehen. Wir sind motorisiert. So gut es geht, fahren wir abends nach Hause zu Frau und Kindern. Denn ich will schon sehen, wie meine Kinder aufwachsen. Die Schafe kommen währenddessen in ein Elektronetz.«

Zehn bis zwölf Jahre alt werden die Schafe im Durchschnitt, sie lammen nur einmal im Jahr. Höfel möchte die Tiere, die er nicht verkauft, bis zu deren Ende begleiten. So hat er ein Experiment angefangen, das ursprünglich aus Australien kommt. »Wenn du bei den Altschafen das Fett wegschneidest, dann ›hammelet‹ es nicht mehr, sondern ergibt wunderbares kurz gebratenes Fleisch und Wurst. Die meisten sind begeistert, wenn sie das Gulasch kosten oder eine Salami.« Bei der Schafschur gibt es natürlich Schafgulasch von alten Schafen – und in der Tat, entgegen allen Vorurteilen schmeckt das Fleisch zart und würzig. Es »hammelet« in keiner Weise. »Das ist Superfleisch!«, bestätigt Höfel. »Ohne Konservierungsstoffe, ohne Nitrate, vitaminreich und eine gute Fettsäure.« Aber Höfel weiß, dass es noch viel Überzeugungsarbeit braucht, um möglichst viele Besucher der Alb zu überzeugen, dass nicht nur Lammfleisch, sondern auch Schaffleisch köstlich schmeckt. »Der Ausdruck Hammel ist ja vorbelastet.«

Die Alb ohne Schafe – unvorstellbar. Die Alb ohne Schäfer – undenkbar! ■

»Wie kommt ein Mensch dazu, sich auf diesen Wahnsinn einzulassen?«, frage ich Dieter Rebstock. Er lacht. Wir stehen am Startplatz West des Drachenfliegervereins Hohenneuffen an einem freiliegenden Felsen am Albtrauf. Es handelt sich jedoch um einen anspruchsvollen Startplatz, da das Gelände nach dem Anlaufbereich sehr steil abfällt. Dieter Rebstock erklärt: »Sie fliegen mit dem Kopf voraus, mit dem Bauch nach unten. Früher haben Naturschützer geglaubt, wir vertreiben die Bussarde. Heute fliegen wir oft mit Milanen zusammen, geradezu parallel. Es ist das Gefühl des Fliegens aus eigener Kraft, Sie haben keine Maschine, Sie bewegen sich in der freien Natur, sie haben einen phantastischen Überblick über Hohenneuffen, über den Albtrauf, über die ganze Alb.«

Seit mehr als 33 Jahren fliegt Dieter Rebstock Drachen: »Und ich habe es überlebt. Es ist nicht so gefährlich, wie es aussieht. Und Sie dürfen nicht vergessen: Ohne Fluglizenz darf niemand fliegen. Diese Lizenz kann jeder in drei Schritten erwerben. Die Grundausbildung dauert fünf bis sechs Tage, Starten, Landen und erste Theorie. Dann kommen in einem zweiten Schritt eine Zahl von Höhenflügen und wieder eine theoretische Prüfung. Und erst nach der Prüfung im dritten Schritt dürfen Sie Flüge übers Land machen. Das Ganze ist schon eine sehr systematische Ausbildung, das ist natürlich auch notwendig.« Bevor Dieter Rebstock weitererzählt, versucht er mich mit seiner Begeisterung anzustecken: »Sie halten sich am Trapez fest. Dann fliegen Sie ohne fremde Hilfe in die Luft, in die freie Natur. Sie verlassen die Erde sozusagen aus eigener Kraft. Man hat nichts mehr um sich herum. Du bist unmittelbar der Natur ausgesetzt. Der Blick geht an guten Tagen bis an die Alpen. Gute Flüge gehen nach Osten bis an die tschechische Grenze, im Westen nach Mühlhausen, an die deutsch-französische Grenze. Wir starten hier in einer Höhe von rund 750 Metern und kommen dann bis 1400 Meter über den Meeresspiegel. Es ist jedes Mal ein einmaliges Erlebnis, das können Sie mir glauben!«

Bei den Drachen gibt es zwei große Gruppen. Die einen sind die flexiblen Drachen, die mit dem Gewicht des Piloten gesteuert werden. Der Rahmen ist aus Aluminium mit Kohlefaser, die Flügel sind aus Kunststoff. Dann gibt es die starren Drachen, da ist der Holm aus Kohlefaser. Da verformt sich während des Flugs nichts. Diese Geräte werden mit Steuerklappen gesteuert.

Dem Drachenflieger bietet sich ein weites Panorama.

Folgende Doppelseite: grenzenloser Genuss – ein Paraglider fliegt am Albrand entlang.

Aber zunehmend werden die Drachen durch Gleitschirme ersetzt, Dieter Rebstock zeigt die Unterschiede auf: »Diese haben keine feste Fläche, der Schirm ist aus dem Fallschirm entstanden, er löst die Drachenflieger ab. Wenn die in die Luft gehen, dann lässt die Luft gewölbte Flächen entstehen, sie sind leichter als Drachen, schneller startbereit und leichter zu lernen. Im Schirm sitzt man im Übrigen aufrecht, anders als die Drachenflieger, sie fliegen nicht mehr vogelgleich.«

Und mit dem Naturschutz kommen sie gut zurecht, die Drachenflieger an und auf der Alb. »Das Verhältnis zu den Behörden ist sehr gut! Aber es gibt ein großes, nahezu unlösbares Problem: Für die große Zahl der Flieger aus dem Ballungsraum Stuttgart mit seinen Millionen Bewohnern gibt es viel zu wenig Fluggelände. Und neue Fluggelände einzurichten, ist kaum mehr möglich. So hat der Großraum Stuttgart zwar – im Verhältnis zur Zahl der Einwohner – die höchste Anzahl an Piloten, aber gleichzeitig mit Abstand die geringsten Möglichkeiten zu fliegen. Da haben es die Bayern besser. Trotzdem: Das Verhältnis zur Umweltbehörde ist prima!« Und es wollen immer mehr Menschen dieses wunderbare Erlebnis erfahren. »Stellen Sie sich vor, Sie starten im Sommer nach Ihrer Arbeit, Sie sehen den Sonnenuntergang, während Sie über die Alb fliegen – es gibt kein schöneres Erlebnis auf Erden!«

Obwohl ich mich nicht einmal auf ein Fahrrad traue, glaube ich Dieter Rebstock. Einfach nur zuzusehen, wie die Drachen lautlos dahinziehen, macht schon große Freude und entspannt.

Die Alb hilft. Sie hilft allen: den Wanderern, den E-Bikern, die gemütlich die Alb hinauf- und hinunterfahren, den Skifahrern, die sich nicht auf waghalsige Alpen-Pisten ausprobieren wollen, sondern sanftes Skifahren bevorzugen. Aber die Alb hilft auch den anderen: denen, die das Abenteuer im Alltag vermissen, den Menschen, die an ihre Grenze kommen wollen, den sportlichen Männern und Frauen, die sich selbst kennenlernen wollen. Dem Stress im Alltag kann jeder entgehen, der auf der Alb kontrollierte Gefahren und Abenteuer sucht. Auf der Suche nach dem einmaligen Erlebnis, nach der grenzenlosen Anspannung und der unendlichen Entspannung gleiten die einen über die Alb und ihr Vorland, die anderen rasen mit einem Downhill-Rad riskante Strecken hinunter und die Dritten klettern und erfahren sich selbst auf eine vollständig ungekannte Weise neu. Die Alb hilft gegen die Langeweile der Zivilisation, gegen das Dämmern im Büro.

Aber die Natur muss dennoch geschützt werden! Und so fechten Sportler und Naturschützer ihre Kämpfe aus, sie haben meist lange miteinander gerungen, bis sie doch am Ende zusammengefunden haben. Die Alb ist ein kostbares Paradies und muss bewahrt werden. Das sollte unbestritten sein. Aber die Alb gehört auch den Menschen, so diese denn pfleglich mit diesem Paradies umgehen. Das haben die meisten inzwischen gelernt, die Kletterer, die Mountainbiker, die Motorradfahrer, die Paddler. Immer wieder gibt es auch Felsen, die gesperrt sind, Flussabschnitte, die nicht oder nur zeitweise befahren werden dürfen. Das ganze Leben ist ein Kompromiss, so auch der immer neue Versuch, den Wunsch nach unberührter Natur mit dem Wunsch nach Selbstverwirklichung in extremen Sportarten miteinander zu verbinden.

Ich selbst weiß nicht, was schöner ist: zu klettern – oder die Kletterer bei ihren Versuchen zu beobachten, einen nahezu senkrechten Felsen zu besteigen. Oder die Paraglider zu beobachten. Es sind in jedem Fall atemberaubende Bilder für die Sportler selbst, aber auch für die Zuschauer.

Warum also klettern Menschen freiwillig senkrecht nach oben? Der 49-jährige Andreas Bopp lacht auf meine Frage: »Klettern ist uns doch in die Wiege gelegt. Wir fangen als Baby an zu krabbeln, dann versuchen wir aufrecht zu gehen und später versuchen wir zu klettern – wie die Affen! Aber es ist ja nicht nur der Spaß draußen zu sein, sich in der Natur zu bewegen – anders als in den vielen Kunstkletterhallen –, es ist die Freude an der Bewegung.

Gegenüberliegende Seite: Auch die Kletterer kommen auf der Alb auf ihre Kosten.

Klettern in der Natur bereitet viel Freude, wie man sehen kann.

Gegenüberliegende Seite: Im Bikepark Albstadt-Tailfingen werden große Sprünge gemacht.

Es mag pathetisch klingen, aber Klettern hat etwas vom Tanz in der Senkrechten. Noch mehr, Klettern ist eine grandiose Symbiose von hoher Sensibilität und großer Kraft. Man muss Klimmzüge machen. Je steiler der Fels wird, desto wichtiger werden die Füße. Es ist wie beim Ballett: Wir tanzen auf Finger- und Fußspitzen. Da kann man schnell einmal aus dem Gleichgewicht geraten. Aber wir sind ja angeschnallt. Nein, wir klettern nicht alleine, sondern zu zweit. Wir haben Airbags und Sicherheitsgurte. Das Jura-Gestein der Alb ist ja bekanntlich nicht das festeste. Da müssen wir schon aufpassen.« Aber auf den Routen sind inzwischen zumeist alle paar Meter Haken hineingebohrt und mit Zement gesichert. Diese Haken halten fünf Tonnen. »Absolut sicher!«, meint Bopp. Aber die meisten Kletterer haben dann auch noch mobile Sicherungsgeräte wie Keile dabei, die der erste Kletterer in den Fels hineintreibt und die der zweite Kletterer umweltschonend wieder mitnimmt. »Wir hinterlassen keine Spuren.«

Andreas Bopp klettert seit seinem vierzehnten Lebensjahr, das Klettern gehört zu seinem Leben. Deshalb beschäftigt er sich auch mit den Problemen, die dieser Sport auf der Alb mit sich bringt. Früher konnte man auf allen Felsen der Alb klettern, aber ab 1992 war jeder Fels ein Naturdenkmal und damit zunächst grundsätzlich für jegliches Betreten gesperrt. Daraufhin gab es große Proteste seitens der Kletterer, und schließlich hat man einige Felsen freigegeben. Aber weitere sind kaum mehr hinzugekommen. Dagegen hat die Zahl der Kletterer zugenommen und nimmt weiter zu. Und die meisten Menschen wollen sich nicht damit begnügen, beispielsweise in Stuttgart auf der Waldau in der Halle zu klettern, irgendwann wollen sie hinaus, und dann sind es im Frühjahr zum Beispiel am Fels oberhalb von Glems bei Metzingen manchmal einfach zu viele.

Das erzeugt, so Bopp, auch Probleme innerhalb der Kletterer-Gemeinde: »Solange die Zahl der Kletterer überschaubar war und ist, gab und gibt es eine Etikette, vergleichbar der Netiquette im Internet. Denn die Frage stellt sich am Sonntagvormittag im Frühjahr, wenn alle hinauswollen: Wie respektvoll gehen wir miteinander um?« Das andere Problem sind die Vögel. Bopp legt Wert darauf, dass seine IG Klettern einen sehr guten Kontakt zu den Naturschutzverbänden Nabu und BUND hat, man startet auch gemeinsame Pilotprojekte. Früher hieß es pauschal: »Ihr macht die Nester kaputt.« Diese Schwarzweiß-Malerei haben Kletterer und Naturschützer überwunden. Die Felsen der Alb sind ein besonderes Biotop, da leben eiszeitliche Pflanzen wie das Habichtskraut. Die müssen selbstverständlich geschützt werden. Das Hauptproblem aber aus Sicht der Kletterer sind die Vögel. Wanderfalken und Kolkraben vermehren sich wieder, sie stehen nicht auf der Roten Liste. Der Uhu dagegen steht auf der Roten Liste. Für ihn sind auch schon Felsen gesperrt worden. Allerdings ist er nicht standorttreu, das heißt, er wechselt seine Felsen. Und dann gibt es noch Dohlenkolonien, eine im Donautal, eine am Rechten Wittlinger, die geschützt werden. »Die Alb ist ein Paradies«, so Bopp. »Wenn Sie am Reußenstein auf den Albtrauf schauen oder oben auf dem Gipfel – je nach gewählter Route – auf dem Fels sitzen und bis zu den Fildern und bis ins Remstal schauen können, dann ist das einfach wunderschön.

Holger Blum, der Chef des Bikeparks Albstadt in Tailfingen, klettert zwar auch, aber das ist nur eines seiner Hobbys. Allerdings treibt er sich lieber auf dem Rad herum als Berge und Felsen zu besteigen, wie auch sein achtjähriger Sohn Leander, der »Junior-Chef« des Bikeparks. Aber natürlich nicht auf normalen Fahrrädern: Die beiden sind Downhill-Biker. Holger Blum führt auf dem Gelände des Bikeparks Regie, er baut auch mit seinem Sohn an den Strecken. Und der Skilift Albstadt-Tailfingen hat als Einziger auf der Schwäbischen Alb den ganzen Sommer lang geöffnet.

Auf drei Downhill-Strecken und vor dem Vereinsheim des Wintersportsvereins trifft sich nicht nur die regionale, sondern auch die überregionale Biker-Szene. Denn Holger Blum war immerhin schon Deutscher Meister in dieser Sportart, in der sich wie beim Drachenfliegen und wie beim Klettern immer mehr Menschen versuchen, ihre Grenzen erfahren und diese auch überschreiten wollen. Er legt Wert auf ein gutes Verhältnis zum Naturschutz: »Wir haben hier in Tailfingen rund um den Skilift zwei festgelegte Strecken. Man kann nicht einfach durch den Wald fahren. Wir planen eine neue Strecke für Anfänger, speziell für Einsteiger. Denn es kommen immer mehr und wollen das Abenteuer erleben. Alle, vom Achtjährigen bis zum Sechzigjährigen, setzen sie sich aufs Rad. Das ist

Downhill mit dem Fahrrad ist eine rasante Sportart.

kein ungefährlicher Sport. Bei uns ist in den letzten Monaten zwar nichts passiert, aber wenn Sie sich vorstellen, dass da manchmal rund hundertfünfzig Menschen gleichzeitig auf der Strecke sind, da kann es auch zu Stürzen und zu Verletzungen kommen. Deshalb schreiben wir Schutzkleidung als zwingende Voraussetzung für das Fahren auf unseren Routen vor. Helm, Rücken- und Brustschutz gehören einfach dazu.« Diese Ausrüstung kostet Geld, ein gutes Bike natürlich ebenfalls, um die 2000 Euro etwa. Aber viele Menschen geben gerne das Geld aus: »Biken macht einfach Spaß, für viele ist die neue Herausforderung wichtig, das schöne Gefühl, wenn man es geschafft hat, die Kurve, den großen Sprung. Und wenn man sich dann mit dem Skilift wieder hinaufziehen lässt und die Strecke noch einmal abwärts fährt, das gibt eine tiefe Befriedigung. Denn Sie müssen ja auch Angst überwinden, und wer das schafft, der ist stolz auf sich.« So einfach sind manche tiefe Lebenswahrheiten.

Holger Blum legt großen Wert darauf, dass jeder Anfänger gründlich eingewiesen wird. »Da es uns sehr wichtig ist, dass sich alle Besucher bei uns im Park wohlfühlen und möglichst viel Spaß haben, wollen wir jedem Anfänger oder Fortgeschrittenen mit hilfreichen Tipps und Tricks den Besuch im Bikepark verschönern.« Früher waren die »Racer« unterwegs, die immer neue Rekorde aufstellen wollten. Heute sind diese Racer eine kleine Minderheit. Die große Mehrheit der Biker aber fährt in ihrer Freizeit. Sie wollen entspannen und keine neuen Rekorde aufstellen. Holger Blum betont es noch einmal: »Wir sind keine Verrückten!«

Die Schwäbische Alb – ein Sportlerparadies! ■

Kann ein Mensch, der wie ich so oft die Ruhe der Alb sucht, in Metzingen einkaufen? Niemals! Wirklich niemals? Das wird ein interessanter Selbstversuch! Werde ich mich wohlfühlen oder gehen mir die vielen Menschen auf die Nerven?

Wer zu günstigen Zeiten kommt, am Vormittag etwa oder am frühen Nachmittag mitten unter der Woche, kann zwar auch das internationale Gewusel bewundern, aber es gibt kein Gedrängel. Im Schatten der Bäume genießen arabische Frauen ihr Picknick, die Verkäufer und Verkäuferinnen sind aufmerksam und überraschend zuvorkommend, sie geben sich richtig Mühe! Mein ganzes Leben lang hatte ich meine Schwierigkeiten damit, Schuhe zu finden, die wirklich gut zu tragen sind und die passen. Kurz, als Schuhkäufer bin ich ein absoluter Problembär. Ich möchte kein Verkäufer sein, der mir Schuhe anbieten muss. Denn es dauert jedes Mal sehr lange.

Aber bei »Timberland« finden sich zwei junge Männer, die geduldig Paar für Paar herantragen, mich freundlich auffordern, ein paar Schritte zu gehen und auf jeden Fall beide Schuhe anzuprobieren. Das hätte ich denn doch nicht gedacht. So bin ich unerwartet in den Besitz von »Timberland Earthkeepers« gelangt, wunderbare schwarze Schnürschuhe, märchenhaft bequem – und sie passen! Dabei habe ich nicht einmal darauf geachtet, ob und inwieweit diese Schuhe heruntergesetzt waren. Sie waren nicht billig, aber der Preis ist auf jeden Fall in Ordnung.

Um mich herum die ganze Zeit buntes Leben: Familien, junge Paare, beste Freundinnen, die alle ebenfalls mit großem Langmut Schuhe ausprobieren. Dann weiter zu Boss, zu Armani, zu Burberry, zu den teuren Marken. Hinein ins Getümmel. Wenn wir schon einmal da sind! Schon im Parkhaus gibt es Hinweise auf Deutsch, Englisch, Französisch, Italienisch, Niederländisch, Chinesisch und Russisch. Die Outlet-City verändert sich ständig, es wird gebaut, es wird weiter gebaut, und dann wird noch weiter gebaut. An diesem sonnigen Spätsommertag blicken wir von dem sehr schön gestalteten Haus von »Timberland« auf die Baustelle auf der anderen Seite der Straße. »Coach, New York« und »Hackett, London« kündigen sich hier an: »Coming soon.« Kein Wunder, dass Boss hier ebenfalls ganz neu bauen will.

Nichts mehr erinnert in den modernen, architektonisch gut gestalteten Häusern an Schnäppchenjagd, an Billigheimer. Die Outlet-City versichert zwar, dass alle ihrer mehr als sechzig

Mehr geht nicht: auf Beutezug in der Outletcity.

Markenfirmen Ware mit Nachlässen um die dreißig Prozent anbieten – überall stehen auch Schilder, auf denen der ursprüngliche Preis durchgestrichen und ein neuer, niedrigerer Preis vermerkt ist – aber es geht schließlich immer um teure Markenartikel. Metzingen ist heute einer der bekanntesten Shopping-Orte in Deutschland, in Europa, ja, auf der ganzen Welt. Das hat seinen Grund bei weitem nicht nur in den niedrigen Preisen. Markenartikel sind gefragt – bei Russen ebenso wie bei Italienern, tief verschleierten Araberinnen, chinesischen Studenten und schwäbischen Familien.

Die Peters beispielsweise sind direkt aus Hamburg mit dem Auto angereist. Wir treffen sie, als sie sich für alle Familienmitglieder Jeans bei Boss aussuchen. Sie haben nicht nur Geld, sondern auch viel Zeit mitgebracht. Die Eltern und ihre zwei Söhne wollen sich hier neu einkleiden. Von der Jacke über Jeans und Anzug, vom Kleid bis zur Tasche und Schuhen natürlich. Wenn die Peters – er ist Geschäftsführer eines mittelständischen Betriebes, sie ist selbstständige Visagistin – Metzingen verlassen, dann werden sie rundum neu eingekleidet sein.

Warum kommt die ganze Familie hierher? Mutter Peters sagt: »Es macht viel mehr Spaß, hier einzukaufen, als in Hamburg selbst, hier können wir zu Fuß die Läden von mehr als neunzig Outlet-Centern erreichen, wir können uns an den Wassern im Schatten der Bambussträucher und Bäume ausruhen, wir können mittags in der Bäckerei Keim im Outlet-Center frisch zubereitete Spaghetti essen und wir können uns alle gegenseitig beraten und anregen. Ein solcher Ausflug ist für uns alle ein einmaliges Familienerlebnis, das wir in Hamburg so nicht hinbekommen.« Die zwei halbwüchsigen Söhne Jens und Peter bestätigen gerne, dass es ihnen Spaß macht, mit ihren Eltern hierherzukommen und zu shoppen. »Das ist ein Event, um das wir in unseren Klassen beneidet werden.« Ach ja, und Messer wollen sie auch noch einkaufen, bei WMF natürlich, es gibt keineswegs nur Kleidung hier.

Internationales Publikum versammelt sich in der Outletcity.

Gegenüberliegende Seite: Outletcity Metzingen – der Traum aller Schnäppchenjäger.

Menschen aus der ganzen Welt kommen hierher. Marken aus aller Welt sind hier vereint, ebenso wie die Menschen, und wir sind hier nicht in Shanghai, nicht in München, nicht in Paris, sondern in einer kleinen Stadt, die zum Symbol für die zusammenwachsende Welt geworden ist. Und hier ist nicht einfach ein Einkaufscenter auf der grünen Wiese entstanden, hier hat sich die schwäbische Kleinstadt Metzingen neu erfunden und tut es weiterhin.

Angefangen hat es mit der Textilindustrie im 19. Jahrhundert. Im 20. Jahrhundert hatte die Metzinger Firma Boss ihren Durchbruch als internationale Marke. Sie war es auch, die in den 70er Jahren des vergangenen Jahrhunderts den Fabrikverkauf begründet hatte, aus dem im Laufe der Jahrzehnte eine ganz neue Stadt entstanden ist.

Metzingen vereinigt viele Widersprüche: Die kleine Stadt ist eine der bekanntesten Einkaufsadressen weltweit. Kaum eine andere Stadt auf der ganzen Welt hat Besucher aus 185 Staaten, jedes Jahr kommen mehr als drei Millionen Menschen, und es werden jedes Jahr immer noch mehr. Aber kaum einer der Millionen Besucher weiß, dass Metzingen eine wunderschöne, historische, gut gepflegte Innenstadt aufweist, auf die viele andere Gemeinden stolz wären. Und noch weniger Menschen wissen, dass die Metzinger seit Jahrhunderten Wein anbauen. Der wunderschöne Kelternplatz im Zentrum Metzingens mit seinen sorgfältig restaurierten alten Holzkeltern, die zum Teil offen gebaut sind, bildet den absoluten Gegensatz zu den modernen Gebäuden der Outlet-City.

»Der eine oder andere der drei Millionen Outlet-Kunden sollte Metzinger Wein kaufen«, meint zu Recht Jörg Waldner. Er ist Weingärtner wie fast alle alteingesessenen Familien hier im Nebener-

werb, und er ist Vorsitzender der Metzinger Weingärtner. Er steht in der Vinothek am Kelternplatz mit ihrem modernen Interieur im historischen Haus der Kelter, verkauft den Wein der Genossenschaft und spricht von seiner persönlichen Herausforderung: »Wir müssen die Vinothek für die Gäste in der Stadt, für die Outlet-Kunden zumal, noch bekannter machen.« Da hat Waldner noch viel zu tun.

Früher haben sich viele Besucher der Alb durch das Städtchen gequält und geflucht, weil alle Straßen durch den Ort von Besuchern der Outlet-City verstopft worden sind. Heute kann jeder direkt an der Stadt vorbei auf die Alb fahren. Aber es lohnt aus vielen Gründen, hier in Metzingen am Fuße der Schwäbischen Alb Station zu machen. Allein die Lage ist einzigartig! Metzingen liegt im unteren Ermstal, die Stadt ist umgeben von Weinbergen und von den für die Alb typischen Streuobstwiesen. Der Ort ist umgeben von Vulkanbergen und vom Albtrauf. Die Großstadt Reutlingen ist nur acht Kilometer entfernt.

Aber man muss mit Superlativen arbeiten, um die kleine Stadt wirklich beschreiben zu können. Man sieht sich auf dem Globus im Weltmaßstab: Metzingen liegt im Herzen Europas, in der Wachstumsregion Neckar-Alb. Metropolen wie Frankfurt, München, Straßburg oder Zürich sind in nur zwei Stunden erreichbar. Stuttgart mit seinen Weltkonzernen wie Bosch, Daimler und Porsche ist nur wenige Kilometer entfernt. Auch zur Neuen Messe Stuttgart und zum Internationalen Flughafen in Stuttgart ist es jeweils nur ein Katzensprung. Viele Fluggesellschaften bieten günstige Flüge nach Stuttgart. Von hier kann jeder Besucher mit einem Mietwagen oder mit dem »Shopping Shuttle« direkt nach Metzingen gelangen. Selbst vor Ort sind die Wege kurz. Mehr als 3000 Parkplätze stehen für die Besucher bereit.

Tradition, Geschichte und Gegenwart, Heimat und Welt – das alles findet der Besucher in Metzingen! ■

Gegenüberliegende Seite: ganztägig geöffnet – der Platz der sieben Keltern in Metzingens Zentrum.

Flugtag auf der Hahnweide

Aus kleinsten Anfängen haben sich die Oldtimer-Treffen auf dem Kirchheimer Flugplatz Hahnweide bis heute zu einem weltweit beachteten Spektakel entwickelt. Die Flugzeuge kommen aus Amerika, aus Frankreich, aus Jordanien, aus Russland. Es ist eine verschworene Gemeinschaft, die sich auf der Hahnweide trifft. Und die Spektakel ziehen die Menschen magisch an. Eine hervorragende Organisation sorgt dafür, dass sich bei den Oldtimer-Treffen mehr als 100 000 Zuschauer auf Kunstflüge konzentrieren können, dass sie mit den Piloten reden können, dass sie ohne allzu großen Stau auf das Gelände kommen und dort ihren Wagen auf einem Parkplatz abstellen können. Die Teck liegt im Blickfeld, ein schöner Anblick.

Zwei alte Flieger auf der Hahnweide.

Gegenüberliegende Seite: der kurze Zeit später verunglückte Klaus Lenhart in seiner Maschine.

Hier hat der Flugpionier Wolf Hirth 1935 die Firma Schempp-Hirth gegründet, hier hat er seine einzigartigen Segelflugzeuge entwickelt, die von Rekord zu Rekord geflogen sind. Heute können mit modernen Segelflugzeugen Flüge über 500 Kilometer gemacht werden, ja, es sind auf zwei Flügen von der Hahnweide aus mehr als 1000 Kilometer erreicht worden. Flugstrecken von Kirchheim bis hin zum Genfer See und zurück zur Hahnweide sind heute keine Seltenheit mehr. Ich denke, den meisten Zuschauern geht es ebenso wie mir, wenn ich mich frage: Wen soll ich mehr bewundern, die alten Segelflugzeuge oder deren tollkühne Piloten?

Die Hahnweide ist noch immer einfach eine schöne Wiese am Albtrauf. Winde bringen von Norden kalte Luft und vom Süden warme. Am Albtrauf treffen sie sich, da entsteht Aktivität, die Luftmassen steigen nach oben.

Rainer Rauch, ein begeisterter Segelflieger, erzählt: »Sie sind ganz alleine auf sich gestellt da oben. Es wirken naturgegebene Kräfte, Sie fühlen sich himmelhoch jauchzend hoch droben und es ist dann sehr niederschmetternd, wenn man auf dem Acker landet.« Rauch arbeitet wie selbstverständlich an der Organisation und der Durchführung der Treffen auf der Hahnweide mit. Ohne diese zahllosen ehrenamtlichen Mitarbeiter wäre ein solches Treffen nicht zu stemmen.

Die Besucher der Oldtimer-Tage postieren sich. Sie haben ihre Liegestühle und ihre Sonnenschirme mitgebracht, tragen Kameras mit riesigen Objektiven. So lässt sich der Tag auf der Hahnweide gut und entspannt verbringen. Aus aller Welt sind die Fans hierhergekommen, sie reisen ihren Fliegern hinterher. Die Piloten in den vier roten Flugzeugen der »Royal Jordanian Falcons« zeigen ihre unfassbaren Künste, sie haben schon sehr viele internationale Preise erhalten. Sie fliegen auf Kommando.

»Smoke on!« Sie steigen auf, drehen sich, fliegen Pirouetten, es kann einem schwindelig werden vom Zuschauen. Jedes Flugzeug, jeder Pilot wird über Stadionlautsprecher sachkundig vorgestellt. Aber die meisten Zuschauer sind selbst große Experten, sie kennen die Flugzeuge, die Piloten, sie reden mit ihnen; nur durch die »flight line«, einen kleinen Zaun, sind Flieger und Zuschauer getrennt. Als Laie kann ich jeden Zuschauer fragen, welches Flugzeug da grade über mir seine Runden dreht. Die meisten wissen, wann das Flugzeug wo gebaut worden ist, sei es eine Yak II oder eine Spitfire-Maschine. »Ohne Flugzeuge wäre der Himmel nur Luft«, sagt der Sprecher.

Mit der Hahnweide untrennbar verbunden ist auch der Name Klaus Lenhart. Der Chef der Firma LEKI hatte sich der Kunstfliegerei verschrieben. Im Frühjahr 2012 ist er über der Hahnweide abgestürzt und hat nicht überlebt.

Wenige Wochen zuvor waren wir zu einem Gespräch in Kirchheim verabredet, wir hatten einiges zusammen vor. Denn Klaus Lenhart war ein ungewöhnlicher Mensch. Mehr als vierzig Jahre war er Pilot gewesen. »Wir waren Flugplatzkinder«, erzählte Klaus Lenhart. »Wir waren ständig mit dem Vater auf der Hahnweide. Dann habe ich die Segelfliegerei angefangen, das sollte jeder tun. Mit sechzehn Jahren kann man den Schein machen, mit siebzehn bin ich selbst geflogen.« Mit der Motorfliegerei hatte er erst später begonnen, zunächst für Geschäftsreisen, schließlich machte er Kunstflüge. »Mr leckt Blut, der Ehrgeiz meldet sich wie beim Skifahren, eigentlich hatte ich keine Zeit, ich hatte nur fünfzig Flugstunden im Jahr.« Trotzdem ist Klaus Lenhart seinerzeit schnell in die höchste Stufe des Kunstfluges aufgestiegen: Im Jahr 2000 nahm er das erste Mal an einer Europameisterschaft im Kunstflug teil. Später flog er auf den Internationalen Flugtagen auf der Hahnweide wie sonst auch mit seiner »Leki Extra 330 SC«, ein, wie Lenhart erklärte, »spezifiziertes deutsches Qualitätsprodukt: Dieses Flugzeug ist das Maß aller Dinge!« Auf

dem knallroten einmotorigen Flieger war mit großen gelben Buchstaben »LEKI« gemalt. Natürlich benutzte Klaus Lenhart sein Flugzeug und seine Flugkünste auch als Werbung für die Produkte seiner Firma – Skistöcke. Seine Firma »LEKI« hatte durch revolutionäre Erfindungen den weltweiten Markt für Skistöcke aufgemischt und immer neue Standards festgesetzt. Da wirkte die wagemutige Kunstfliegerei des Chefs geradezu kongenial zu den Firmenprodukten. »Das kommt sehr gut an«, sagte Lenhart im Gespräch bescheiden, aber auch stolz – er war eben nicht nur Flieger, er war auch Tüftler und Unternehmer. »Bosch, das ist ein großer Weltmarktführer, aber ich bin mit meinen LEKI-Skistöcken und meinen Handschuhen ein kleiner Weltmarktführer, ein »hidden champion«, sagte er und strahlte dabei übers ganze Gesicht.

Schon der Vater war ein sehr erfinderischer Mensch gewesen. Sich selbst hat Klaus Lenhart ebenfalls als Erfinder gesehen, deshalb hatte er sich Artur Fischer, den »Dübel-Fischer«, zum Vorbild genommen. So war er in einigen Jahrzehnten mit einem Nischenprodukt an die Weltspitze gekommen. »Du musst als Unternehmer wie als Skifahrer Risiken eingehen. Wenn man schon vor dem Start die Muffen hat, dann wird das nichts.«

Er machte zusammen mit seinem Partner Albrecht Winter Parallelfliegen. »Wir wollen zusammen harmonisch bleiben.« Die beiden hätten weltweit das ganze Jahr fliegen können, so gefragt waren sie als Kunstflieger, aber sie beschränkten sich auf vier oder fünf Flugtreffen. Die beiden roten Flugzeuge wirkten schlicht atemberaubend, wenn man ihnen bei den Internationalen Flugtagen zusah.

Klaus Lenhart hat gern in Kirchheim unter Teck gelebt. »Ich war in San Francisco, ich habe Armut gesehen, ich habe nie das Gefühl gehabt, ich sollte hier weggehen. Ich lebe sehr gerne in Kirchheim, das ist eine sehr lebendige Stadt. Wir unterstützen auch Vereine und soziale Projekte, aber ohne große Publicity«, sagte er und wirkte dabei sehr schwäbisch zurückhaltend. »Bei LEKI ist immer Kirchheim da-

Gegenüberliegende Seite: Tausende strömen zu den Flugtagen auf die Hahnweide in Kirchheim unter Teck.

115
NAVY
NW
RAN
WH589

Alte Flugzeuge ziehen viele Bewunderer an.

bei: Lenhart und Kirchheim bilden den Namen! Wir sind immer bodenständig geblieben, aber nie altmodisch. Erfolgreiche Unternehmer werden oft selbstgefällig, das wollen wir vermeiden, die Konkurrenz darf sich schließlich nicht schneller entwickeln als wir.« Das Betriebsklima, die Arbeitsatmosphäre waren für ihn auch ein entscheidendes Merkmal beim Urteil über die Effektivität von Firmen. »Ich arbeite hier seit dreißig Jahren im Betrieb und ich kann jedem Mitarbeiter in die Augen schauen. Sie identifizieren sich in hohem Maß mit LEKI.«

Ohne seine Frau Waltraud, die ihm mit ihrer großen Toleranz den notwendigen Rückhalt gegeben hat, konnte er sich sein Wirken als Unternehmer nicht vorstellen. Sie war Lehrerin und bewegt sich heute ganz selbstverständlich in der Firma, sie ist wie er ein Teil von LEKI geworden.

Klaus Lenhart sprach sehr respektvoll von den Flugtreffen auf der Hahnweide: »Das Treffen ist Bundesliga, nein, die Hahnweide gehört zur Europa-Liga, es ist eines von drei großen Flugtagen in Europa, von einem ganz kleinen Verein gestemmt, da habe ich großen Respekt.« Und er ergänzte: »Es gibt wenige Flugtage, die eine so familiäre Atmosphäre haben, gerade auch für Flieger, die kommen aus der ganzen Welt sehr gerne hierher.«

Klaus Lenhart lebt in den Herzen vieler Menschen weiter. ■

»Man muss Dreck lieben, das Matschen, das Ausgraben. Und es gehört Menschenliebe zu meinem Beruf«, erklärt Maria Malina, die als technische Grabungsleiterin im »Hohle Fels« im Achtal nach uralten menschlichen Hinterlassenschaften gräbt. »Jeder Student, der hier arbeitet, hat *einen* Quadratmeter zum Graben. Dieser Quadratmeter ist in Viertelquadrate unterteilt, jeder gräbt fünf Zentimeter tief, man arbeitet vorsichtig, nicht mehr wie früher mit Schaufel und Spitzhacke. In der Regel arbeiten fünf bis sechs Studenten an einer Grabungsstelle. Die Eimer mit dem Sediment kommen auf der Schlämmstation ins Sieb, dann wird fein mit Pinzetten gearbeitet, es geht schließlich um winzige Knochensplitter oder auch Mäusezähne.«

Maria Malina strahlt, als sie erklärt, dass die Alb weltweit einzigartig ist. »Werkzeuge, Fauna, Riesenhirsch, Mammut, Flöten und die Venus, wo gibt es sonst auf der Welt so was noch zu finden!« Neandertaler haben hier gelebt, der moderne Mensch hat hier seine Spuren hinterlassen und die Höhlen wurden natürlich auch von Tieren als Schutz und Unterschlupf genutzt. Zwischen den Neandertalern und den modernen Menschen gab es hier offenkundig keinerlei Verbindung, denn zwischen den jeweiligen Hinterlassenschaften liegen dicke Schichten aus Erde und Stein. Hätten sie gleichzeitig gelebt, würde auch ihr Erbe in derselben Schicht verborgen liegen.

Maria Malina hat Recht. Die Alb ist mit ihren rund 3000 Höhlen das höhlenreichste Gebiet in Deutschland. Am südlichen Rand der Alb und im Urtal der Donau sind die für die Urgeschichte der Menschheit bedeutendsten Höhlen zu finden. Dazu gehört der Hohle Fels bei Schelklingen, in dessen vorderem Teil Maria Malina erklärt, wie man als Archäologe gräbt, wie man mit der ausgegrabenen Erde, mit den Steinen umgeht und warum man Archäologie als Lebensaufgabe auswählen kann. Die junge engagierte Wissenschaftlerin wirkt sehr überzeugend. »Wir müssen sehr vorsichtig sein, denn Archäologie ist auch Zerstörung. Was wir hier abräumen, lässt sich nicht mehr rekonstruieren.« Sie kann sich genau daran erinnern, als man bei Ausgrabungen im Geißenklösterle in wenigen Jahren Ausbeute in reicher Fülle erhielt: Drei Flöten wurden gefunden. Zwei waren aus Schwanenknochen

Die weltberühmte Löwenmensch-Skulptur aus dem Hohlenstein-Stadel.

zusammengesetzt und die dritte war aus Elfenbein, was erst kunstvoll ausgehöhlt werden musste. Die Funde beweisen, dass der moderne Mensch, der vor 40 000 Jahren die Alb bewohnte, musizieren, spielen und modellieren konnte – ganz anders als die Neandertaler, die früheren Bewohner der Alb. Kunst gehörte mit einem Mal in der menschlichen Geschichte zum Alltag des Menschen. Wie aber sind diese Kunstfertigkeiten entstanden? Und warum hat der moderne Mensch ausgerechnet auf der Schwäbischen Alb so viele, so kostbare Spuren hinterlassen? Wir wissen es nicht.

Der Hohle Fels ist eine der faszinierendsten Höhlen auf der Alb. Draußen scheint die Sonne, ein paar Kilometer weiter im Tal wird in der Höhle Geißenklösterle Deftiges gegrillt – Wildschwein als Fleisch und als Wurst. Kinder üben das Speerwerfen. Es ist »Tag der offenen Höhle«, ein Familienfest, da kommen nicht große Massen, aber die Kenner der Alb sind da. Professor Nicholas Conard von der Universität Tübingen übernimmt selbst eine der Führungen in die Höhle Geißenklösterle, der Anstieg ist steil, auch er erläutert, wie Archäologen hier arbeiten. Nicholas Conard hat als Forscher mehr gefunden als viele Archäologen weltweit zusammen, auch deshalb ist er eine Ausnahmegestalt. Er hat eine glückliche Hand. Im Achtal vor dem Hohle Fels scheint ebenfalls die Sommersonne, der Andrang hier hält sich noch mehr in Grenzen, man kennt sich, auch hier ein Familienfest. Ein riesiger Steindom öffnet sich im Inneren weit nach oben. Hier drinnen ist es kalt und sehr feucht. Im Herbst finden Höhlenkonzerte statt, die an die Zeit erinnern sollen, als der moderne Mensch hier seine bewundernswerten Kunstwerke geschaffen hat. Mit Trommeln und mit Rasseln erinnern sich die Menschen an die Ur-Vergangenheit. Sehr eindrucksvoll und laut und rhythmisch!

Maria Malina erzählt, wie eine Schweizer Studentin im Jahr 2008 auf die Venus vom Hohle Fels stieß, im vorderen Teil der Höhle. »Wir dachten, da gibt es nichts mehr, es ist ein Gebiet mit einer

Gegenüberliegende Seite: In der Stadelhöhle – Archäologen brauchen Geduld und Ausdauer.

sehr geringen Funddichte, da hat die Schweizerin ein Stück Elfenbein gefunden, das Hauptstück der Figurine. Das ist wie ein Lottogewinn, einmal im Leben!« Und nur zwei Tage später fanden sie eine Flöte. »Und da fragen mich doch immer wieder Leute: »Warum machst du so einen Scheißjob im Schmutz? Aber es geht ja nicht nur darum, im Dreck herumzuwühlen, es geht um unsere Geschichte, die Geschichte der Menschheit, es ist unglaublich spannend.«

Professor Nicholas Conard leitet die Grabungen im Hohle Fels und im Geißenklösterle nebenan. Er hat ebenso wie Mitarbeiter der Landesdenkmalpflege dazu beigetragen, die Schwaben und die Älbler vom Wert ihrer Kostbarkeiten zu überzeugen, vom Schatz der ältesten Kunstwerke der Menschheit. Denn jahrzehntelang hat man die Archäologen kaum beachtet und ihre Ausgrabungen erst recht nicht.

Erst jetzt wird Blaubeuren angemessen zur »Hauptstadt der Steinzeit-Archäologie« ausgebaut, erst seit dem Jahr 2012 läuft der Antrag bei der UNESCO, die Höhlen Hohle Fels, Geißenklösterle, Hohlenstein und andere in die Liste des Weltkulturerbes aufzunehmen. Wenn die Fundorte der ältesten Kunstwerke der Menschheit kein Welterbe sind, was sonst? Da die UNESCO keine Kleinkunstwerke auszeichnet, hat man sich dazu entschlossen, die Höhlen als Erbe anzubieten.

Das Lonetal wäre auch ohne Höhlen zu jeder Jahreszeit ein wundervolles Wanderziel, ein kleines geschwungenes Tal mit einem Feldweg. Rundherum Wälder, Wiesen und Kalkfelsen, so wie es typisch und einzigartig für die Alb ist. Der Hohlenstein ist ein Felsmassiv mit zwei Höhlen. Die eine ist die Stadelhöhle, die andere ist die Bärenhöhle, in der früher Bären gelebt haben. In der Stadelhöhle wurde einer der »Stars« der Steinzeit gefunden, der »Löwenmensch«, der heute in Ulm zu sehen ist.

Er selbst stellt sich in Ulm so vor: »›Löwenmensch‹ nennen sie mich, obwohl ich weder Tier noch Mensch bin, sondern eine etwa 28 Zenti-

Auch in der Charlottenhöhle eröffnen sich faszinierende Welten.

Schichtenfolge in der Stadelhöhle.

meter große Elfenbeinstatue. Woher ich komme? Aus dem ›Hohlenstein-Stadel‹ im Lonetal, einer Höhle in einem kleinen Flusstal auf der Schwäbischen Alb. Ich bin schon ziemlich alt, genauer gesagt 32 000 Jahre – kaum vorstellbar, aber es stimmt (Das tatsächliche Alter liegt nach neueren Forschungen eher bei 40 000 Jahren!). Entstanden bin ich aus einem Stück Mammutstoßzahn, den ein Steinzeitkünstler präpariert hat. Tagelang, vielleicht sogar Wochen oder Monate muss er mit seinem einfachen Werkzeug kunstvoll an mir geschnitzt und gefeilt haben. Ich glaube, ich war eine richtige Kultfigur. Irgendwann haben mich die Steinzeitmenschen vergessen oder verbuddelt und da lag ich dann in meiner Höhle und bröselte vor mich hin, viele tausend Jahre. Vor etwa siebzig Jahren haben Wissenschaftler in den Lonetalhöhlen gegraben und mich endlich wiederentdeckt. Ich war ziemlich zerfleddert und es hat ein wenig gedauert, bis man die Fragmente wieder zusammengesetzt hatte.«

Präziser kann auch Professor Claus Joachim Kind den Löwenmenschen und seine Geschichte nicht beschreiben! Kind ist im Landesamt für Denkmalpflege für Urgeschichte und Steinzeitarchäologie zuständig, er hat auch an der Universität Tübingen einen Lehrauftrag. Er leitet seit mehreren Jahren die Ausgrabungen in der Stadelhöhle.

Wir stehen mit ihm in der Höhle. Sie wird von einer hellen Lampe beleuchtet, der Strom kommt von einem Diesel-Generator. Anders geht es nicht, man könnte sonst in der dunklen Höhle nicht arbeiten. Zu dritt kauern die Studenten auf dem Boden und arbeiten vorsichtig mit kleinen Spachteln an der Erde. »Archäologe ist ein hartes Brot, aber alle Studenten, die hier sind, arbeiten mit großer Begeisterung«, sagt Kind und betont: »Es ist Knochenarbeit im wahrsten Sinne des Wortes. Anders als bei Indiana Jones stehen nicht spektakuläre Funde im Vordergrund. Man arbeitet auf den Knien, im Sitzen im engen, feuchten Raum, es ist sehr, sehr anstrengend, wenn man acht Stunden hier in der Höhle mit verkrümmten Körpern geschuftet hat.«

Aber die bisherigen Funde haben eines gezeigt: Es lohnt sich! ■

»Manchmal haben wir am Samstagabend nicht gewusst, ob wir am Sonntag starten«, erzählt Margret Bek. Wir trinken Kaffee in ihrem Einfamilienhaus in Westerheim, einem schönen Luftkurort, Teil des Biosphärengebiets. Man hat einen wunderschönen Ausblick auf die blühenden Apfelbäume, auf Sträucher und Wiesen. Der Blick ist frei. Das ist den Beks wichtig. Denn Franz Bek hält es nicht lange in geschlossenen Räumen aus. So muss zu Hause wenigstens der Blick nach draußen frei und offen sein. Sonst schafft er draußen, obwohl er auf Mitte siebzig zugeht. Er werkelt sommers wie winters an seinen Skilifts an der Halde herum.

»Wer auf der Schwäbischen Alb Schnee als Geschäftsgrundlage hat, braucht Geduld und gute Nerven«, sagt Margret Bek lächelnd. Saison ist eh nur im Winter, aber diese Winter sind halt extrem unterschiedlich, und dieser Winter war sehr kurz. »Manchmal schneit es, aber die Erde ist nicht gefroren, dann ist der Schnee oft am nächsten Tag schon wieder weg. Manchmal ist er wieder stumpf und nass, da kann man schlecht Ski fahren, und dann ist es manchmal so kalt, dass die Leute auch wegbleiben. Die Menschen wollen gutes Wetter und guten Schnee – das Vergnügen ist ja auch nicht ganz billig.«

Auf die Alb kommen die Rentner und die Familien aus dem Großraum Stuttgart, aus Kirchheim, aus Eppingen. Am Wochenende herrscht Hochbetrieb, die ganze Familie und zahlreiche Aushilfen sind vollauf beschäftigt, die vier Skilifte in Betrieb zu halten. Es ist ein herrliches Bild: Die einen wedeln mit ihren Skiern den Abhang hinunter, die anderen fahren mit ihren Kindern Schlitten und junge Menschen üben an ebenen Stellen das erste Mal, einige Schritte auf Skiern zu gehen. »Vor einigen Jahren war das Weihnachtsgeschäft sehr gut, aber der Winter 2011/2012 war extrem. Da waren die Lifts zwar auch oft in Betrieb, aber nur drei oder vier Tage haben wir ein gutes Geschäft gemacht. Und dann diese fürchterliche Kälte!« Das stimmt, die Kälte ist zwar trocken, aber wir kommen aus Stuttgart, wir sind verwöhnt, wir wollen den Wind nicht haben, der in diesen eisigen Februarwochen auf den Höhen der Alb weht.

Westerheim liegt immerhin 820 m hoch, deshalb bezeichnet sich der uralte Ort auch als das Wintersportzentrum der mittleren Alb. Familie Bek lädt die Gäste ein, auf der Doppelspur der Alb-Bad-Loipe zehn Kilometer lang durch schönen Nadelwald und Heidelandschaft, vorbei an der Egelsee-Kapelle, zu laufen. Man kann die Tour auch auf das Römersteiner und das Laichinger Loipennetz erweitern. Und das Schönste: Sie ist auch für

Die Schneelandschaft auf der Alb hat für alle etwas zu bieten.

Anfänger geeignet. Die Schertelshöhlen-Loipe wiederum hat den Vorzug, dass sich der Skiwanderer an Sonntagen auf halber Strecke im Rasthaus der Schertelshöhle ausruhen und Rast machen kann, die Höhle selbst ist im Winter geschlossen.

»Ski auf der Alb – das geht nur mit Herzblut«, sagt Margret Bek. »Reich sind wir nicht geworden, aber arm auch nicht!« Die Leute kommen nicht nur wegen des Schnees. Sondern weil sie das gute schwäbische Essen von Margret Bek schätzen. Sie ist stolz auf ihren Kartoffelsalat, auf ihre Linsen mit Spätzle, auf ihren Schwäbischen Eintopf, der dem Gaisburger Marsch nachempfunden ist. »Ich koche alles selbst. Das wissen die Menschen, die hierher zum Skilift an die Halde kommen. Ich habe immer schon gekocht, das ist dann langsam gewachsen.« So ist Margret Bek Mädchen für alles: »Ich bin der Puffer, ich bin für alles und für alle da. Manchmal erlebst du einen Traumtag, du bereitest das Essen für morgen vor, und dann regnet es am anderen Tag und niemand kommt. Da sammelt man Erfahrungen.« Aber sie jammert nicht. »Wir beide, mein Mann und ich machen das, solange es uns möglich ist. Aber diese Arbeit möchte ich meinen Kindern nicht zumuten. Es ist manchmal schon sehr hart.«

So geht das seit vielen Jahrzehnten. Als Franz Bek Ende der sechziger Jahre auf die Idee kam, einen Skilift zu bauen, haben die Leute im Dorf über ihn nur noch den Kopf geschüttelt. Man war Bauer, man hatte Land, aber Skilifte? Damals gab es weder Parkplätze noch Toiletten und auch keine Gastronomie. »Die feinen Stuttgarterinnen haben wir damals in den Wald geschickt«, erzählt Franz Bek schmunzelnd. Beks haben den Skilift im Nebenerwerb betrieben. »Sommers hat mein Mann im Bauhof gearbeitet, im Winter wurde er freigestellt und hat die Lifts betrieben. Den ersten Lift und den Kiosk haben wir 1965 gebaut, wir haben ja Land hier. Dann hat mein Mann angefangen, Getränke zu verkaufen. 1968 wurde der erste große Schlepplift gebaut, zwei Jahre später auch die Gaststätte mit Wasser und Telefon, damals keine Selbstverständ-

Gegenüberliegende Seite: drei Kittel kälter – Winterlandschaft bei Hohenstadt.

Ski heil in Westerheim.

lichkeit.« Die Beks haben viel Geld in die Anlagen investiert, aber Kunstschnee wollen sie auf keinen Fall, auch wenn das Wetter so unberechenbar ist. »Das ist heute nicht mehr angebracht.«

Angela Gödrich dagegen wirbt in Donnstetten mit der modernsten Skilift-Anlage auf der Alb. Ein berührungsloses Kartensystem an den Zugängen zu den vier Liften ist äußerst bequem und reduziert Wartezeiten. »Als einziger Skilift auf der Schwäbischen Alb setzen wir eine Kunstschneebeschneiungsanlage ein, unsere Pisten sind mit unserem neuen Pistenbully optimal präpariert. Bei uns können Sie mit Flutlicht bis 22 Uhr fahren!«, sagt sie stolz. Sie kann eine Pistenlänge von 365 Metern und einem Höhenunterschied von 54 Metern vorweisen. Auch hier wird Spaß für die ganze Familie geboten.

Die dazugehörige Bobbahn ergänzt das Angebot. Hier können Jung und Alt das ganze Jahr über fahren – absolut problemlos und sicher! »Unsere Ganzjahresbobbahn ist mit ihren vielen Steilkurven und Wellen zusammen mit dem Bungee-Trampolin das ideale Ausflugsziel für die ganze Familie!«, sagt Angela Gödrich. Wer selbst Kinder hat und nicht weiß, wohin am Sonntag mit ihnen, auf nach Donnstetten! Das macht auch den Kindern mehr Spaß, als den ganzen Tag am PC zu verbringen. Die Komfortschlitten mit Rückenlehne laufen auf spurgeführten Edelstahlrohren und sind deshalb entgleisungssicher mit den Schienen verbunden. Über Bremsen am Bob können die Fahrer die Geschwindigkeit selbstständig bestimmen. Durch die Allwettertauglichkeit ist die Bobbahn auch im Winter befahrbar! Sie fährt mit einer Höchstgeschwindigkeit von 40 Kilometern pro Stunde bei einem Gefälle von sieben bis zehn Prozent auf einer Strecke, die länger als ein Kilometer ist.

Der raue Wind auf der Alb zieht Sportler geradezu magisch an, die auf ihn angewiesen sind: Die »Snowskiter« fahren auf ihren Skiern, sie lassen sich mit Hilfe eines großen Drachens, den sie in ihren Händen steuern, vom Wind ziehen. Es sieht schön aus, wie sie sich auf einer ebenen Hochfläche, wenige Kilometer von Westerheim entfernt, vom Wind ziehen und treiben lassen.

Wir treffen Peter, der seinen Lenkdrachen ohne Handschuhe durch das eisige Feld lenkt. »Daran gewöhnt man sich, mit Handschuhen kann man nicht steuern«, sagt er und fährt uns davon, vom Wind fortgetrieben. Je kleiner der »Kite«, der Lenkdrachen, desto stärker darf der Wind blasen.

Snowkiting ist mehr Wind- als Skisport. Peter sagt uns, dass erfahrene Snowkiter ihre Aufmerksamkeit zu achtzig Prozent der Kontrolle des Schirmes widmen und nur zu zwanzig Prozent der Kontrolle der Füße. Zu Beginn weiß man oft genug nicht, wer da wen zieht: der Drachenläufer den Schirm oder der Schirm den Läufer. Aber selbst Anfänger können nach ein paar Übungsstunden mit 40 oder sogar 50 Kilometern pro Stunde über die Schneeebene kreuzen, der Könner kann kilometerweite Strecken, die ihn auch aufwärts führen, bewältigen. Wind und Schnee sind kostenlos, aber ein guter Drachen kann bis zu 2000 Euro kosten.

Der Westerheimer »Spot« sei sehr gut, schreibt ein gewisser Bernd im Netz. Aber es gibt auch Konflikte mit den Einheimischen und deren Tieren und Grundstücken. So hat Bernd Regeln ins Netz gestellt, Regeln, die leider nicht immer eingehalten werden: »1. Absolut verboten ist es, jenseits der roten Grenze zwischen den Bäumen östlich Richtung Pferdekoppel zu kiten, da es schon mehrmals Ausbrüche wegen zu nahen Kites gab. 2. Das Na-

Skifahren unter Flutlicht bei Donnstetten.

turschutzgebiet westlich sollte gemieden werden. 3. Reiter, Schneefahrzeuge, Spaziergänger haben Vorfahrt! Bitte unbedingt einen weiten Bogen darum machen. Pferde sind Scheutiere. 4. Aufbauen und Starten in dem eingezeichneten Bereich. Bei entsprechend Wind auch im Dreieck darüber. Aber nicht direkt am Parkplatz oder bis an den Parkplatz zurück fahren. 5. Jeder hat seinen Müll wieder mitzunehmen. Es existiert eine vorläufige Genehmigung für Snowkiting von der Naturschutzbehörde und der Gemeinde sowie der Grundstücksbesitzer, welche automatisch verlängert wird, wenn es zu keinen Zwischenfällen kommt. Verhaltet euch bitte dementsprechend. Wenn ihr jemand seht, der sich entsprechend danebenbenimmt, bitte ansprechen. Es geht nicht darum, sich zu profilieren, sondern den Spot, so schön wie er ist, zu erhalten. Danke für die Unterstützung. Grüße, Bernd.«

Deutliche Worte, die auf den endlosen Konflikt zwischen Natur, Bauern, Naturschützern und Freizeitsportlern verweisen. Unsere Kiter jedenfalls halten sich an die Regeln und sie segeln durch die Luft auf ihren Skiern. Es ist eine Freude ihnen zuzuschauen.

Ganze Generationen von Älblern und Städtern aus Stuttgart und anderswo haben ihren Kindern auf der Alb gezeigt, wie man Ski fährt und tun es heute noch. Die Kinder lernen auf den mäßigen Abhängen der Alb Ski zu fahren, an der Halde in Westerheim beträgt der Höhenunterschied gerade einmal 52 Meter. Es gibt eigens ein- und mehrtägige Kurse für Kinder. »Wenn sie es können, dann fahren sie später in die Alpen.« Die Kinder sind wichtig, sie sind die Zukunft. Natürlich haben Beks ihre eigene Website, in der jeder potenzielle Besucher per Kamera morgens sehen kann, ob es lohnt, auf die Alb zu fahren, ob Schnee liegt, ob der Nebel alles zuschüttet oder ob es ein schöner Wintertag werden wird.

Es wäre jammerschade, wenn es auf der Alb irgendwann einmal nicht mehr genügend Schnee geben sollte! ■

Gegenüberliegende Seite: Snowkiting – eine interessante Trendsportart.

Für viele Stuttgarter liegt Ulm an der Autobahn nach München. Und für die Landeshauptstadt galt ja lange der Satz: »Das Schönste an Stuttgart ist die Autobahn nach München.« Heute ist Stuttgart eine schöne, eine liebenswerte Stadt. Aber Ulm ist schöner! In Stuttgart gibt es kein Fischerviertel, kein Gerberviertel. Den Stuttgartern ist nichts Besseres eingefallen, als eine breite Bundesstraße an ihren Neckar zu bauen. Hier in Ulm, wo die Blau in die Donau fließt, kann sich jedermann am Fluss niederlassen, für alle ist Platz genug, man kann lesen, schmusen, entspannen, man kann entlang der Donau wandern und Rad fahren. Wer auf der Suche nach sich selbst ist und meditieren will, der lege sich ans Ufer der Donau und lasse sich von der Sonne bescheinen. Jeder, der einmal in Ulm war und auf dem Weg zur Donau in der »Forelle« im Fischerviertel frischen Fisch, wunderbar zubereitet, gegessen hat, wird Ulm lieben. So ist es jedenfalls mir ergangen.

Das Ulmer Fischerviertel ist ein historisches Kleinod.

Wo sonst gibt es eine so liebevoll restaurierte Altstadt wie das Fischerviertel, das eigentlich Fischer- und Gerberviertel heißen müsste, weil hier an der Blau die Gerber ihr wasserintensives Handwerk ausgeübt haben. Das »Schiefe Haus« ist unfassbar schief, man glaubt, es müsse im nächsten Moment in sich zusammenstürzen. Aber es hält. Am »Schönen Haus« in der Fischergasse erinnern eine Fischerzille und ein Bild mit dem einstigen Fernziel Belgrad an die Meister der Schiffleute, die das spätmittelalterliche Haus einmal bewohnt haben. Zillen sind einfach konstruierte, zwischen fünf und dreißig Meter lange Boote. Kleinere Zillen waren grundsätzlich ungedeckt, die größeren Zillen zum Fracht- oder Passagiertransport verfügten über hausähnliche Aufbauten mittschiffs.

Das »Zunfthaus der Schiffleute« zeigt den hohen Hallenraum, in dem die Fischer früher im Winter ihre Zillen aufstellten. Oben hat der Ulmer Schifferverein seinen Sitz. Dort bewahrt er auch die Requisiten fürs Fischerstechen auf, das in der Regel alle vier Jahre zelebriert wird.

Das älteste Gasthaus in diesem Bereich ist die schon erwähnte »Forelle«, auch »Häusle« genannt, von der die »Häuslesbrück« ihren Namen hat.

Schon 1626 hat Jakob Schwenk, Wirt unter den Fischern, vom Rat die Erlaubnis erhalten, dort Leute zu bewirten. Der Name »Forelle« ist seit 1695 nachweisbar, also ist er mehr als 300 Jahre alt!

Das Herzstück des Fischerviertels aber ist zweifellos der Saumarkt. Offiziell heißt er zwar »Schweinemarkt«, doch im Volksmund wird er kaum so bezeichnet. Der Saumarkt ist das Zentrum der sogenannten »Räsen«. So nennen sich stolz seit ewigen Zeiten die Bewohner des Fischerviertels. »Räs« bedeutet frei übersetzt »rau«, und diese Eigenschaft kennzeichnet die Bewohner des Viertels. Am prächtigsten präsentiert sich der Saumarkt natürlich, wenn sich dort alle vier Jahre der Festzug zum Fischerstechen formiert. Dreieinhalb Hundertschaften kostümierter Teilnehmer wuseln durcheinander, um ihren Platz im Festzug einzunehmen. Jedenfalls kann jeder Besucher im Fischerviertel mit seinen alten Gassen, verwinkelten Durchgängen, Brücken und Stegen einen Eindruck mittelalterlichen Lebens gewinnen. Aber heute in den renovierten Häusern und Wohnungen hier zu wohnen und zu leben, ist ein einmaliges Privileg.

»Sie müssen das Bauwerk kennen. Sonst restaurieren Sie nicht, sondern Sie reparieren«, sagt Ingrid Helm-Rommel. Die zierliche Frau hatte sechzehn Jahre lang die Arbeiten am Ulmer Münster geleitet. Sie gehörte zum Münster wie das Münster zur Stadt, bevor sie ihr Amt als Münsterbaumeisterin zum Jahresende 2012 aufgegeben hat. »Vorbildlich« sei ihre Arbeit am Münster gewesen, sagt Ernst-Wilhelm Gohl, der Dekan der evangelischen Gesamtkirchengemeinde. Das ist wahr.

Das Ulmer Münster ist, darauf verweist Oberbürgermeister Ivo Gönner, eine Bürgerkirche. Sie gehört der evangelischen Gesamtkirchengemeinde Ulm. Der Kölner Dom dagegen ist keine Bürgerkirche in diesem Sinne, er ist ein Bauwerk der ewigen katholischen Kirche. Aber beide Bauwerke haben gemeinsam, dass ihre Bauhütte jeweils lange Zeit von einer Frau geleitet worden ist. Die Kölner Dombaumeisterin, Barbara Schock-Werner, hat bis

Blick von der Neutorbrücke aufs Ulmer Münster.

HOTEL

zu ihrer Pensionierung lange Zeit gut mit Ingrid Helm-Rommel zusammengearbeitet.

»Münsterbaumeisterin« ist im Übrigen kein Titel, er ist eine Berufsbezeichnung. Frau Helm-Rommel war die einundzwanzigste Baumeisterin seit dem Beginn des Baues im Jahr 1377. Das Münster war über lange Jahre ihr Lebensinhalt, ihre Herzens- und ihre Kopfangelegenheit. Sie hat sich nicht selbst in den Mittelpunkt gestellt, sondern das Münster. Aber natürlich ist sie auch in der Stadt aufgetreten. Denn das Münster soll leben, und leben kann die Kirche nur, wenn sich die Ulmer mit ihrem Münster identifizieren, wenn sie verstehen, welche Arbeiten jetzt gerade notwendig sind und welche auf die Zukunft geschoben werden müssen. »Eine Generation kann nicht alleine das gesamte Münster restaurieren. Das würde uns überfordern. Da hat jede Generation ihre Aufgabe«, sagt Ingrid Helm-Rommel. Und die Bürger engagieren sich in einem Ausmaß, das einen staunen lässt. Auch finanziell!

Nicht Ingrid Helm-Rommel hat bestimmt, wo gearbeitet wird. »Nein, das Gebäude gibt durch seine Schäden vor, wo wir am Münster arbeiten müssen.« Das Münsterbauamt ist dabei, Chor und Chorfassade zu restaurieren. Die Chorfassade gehört zu den ältesten Bauabschnitten des Münsters, an dem nach der Vollendung mehr als 150 Jahre die Arbeiten geruht haben. Erst am Ende des 19. Jahrhunderts ist das Bauwerk im neugotischen Stil vollendet und fertig gebaut worden. »Jetzt musste die Münsterbauhütte darauf achten, auch die anspruchsvollen Umgestaltungen des 19. Jahrhunderts angemessen, das heißt, auf hohem Niveau zu restaurieren«, sagt Frau Helm-Rommel. Die Steinmetze tauschen daher nur stark geschädigte Werkstücke aus, um möglichst viel von der historischen Bausubstanz im Original zu erhalten. Die Spezialisten der Münsterbauhütte entsalzen die Sandsteinwerkstücke so schonend, dass die Natursteinoberflächen nicht beschädigt werden. Spezialisten einer externen Firma gelingt es, mit dem sogenannten

Gegenüberliegende Seite: Das Schiefe Haus in Ulm beherbergt heute das schiefste Hotel der Welt.

Die Arbeit hört nie auf: Steinmetz am Ulmer Münster.

Niederdruck-Wirbelstrahl-Verfahren auch problematische Verschmutzungen wie Gipskrusten auf angelöstem Kalk und biologische Beläge wie Flechten, Algen und Moose zu entfernen.

Bei der Chorfassade ist wie bei allen Restaurierungsarbeiten die systematische Kartierung des Materials und der Schäden die Voraussetzung für alle folgenden Arbeiten. Das beschränkt sich nicht auf die Arbeit der Steinmetze. Bei den Chorfenstern beispielsweise geht es darum, dass die Einzelscheiben sorgfältig vom Glasrestaurator ausgebaut werden. Danach werden sie fachgerecht gereinigt und gesichert. Dabei werden eventuelle Glassprünge punktuell geklebt, Bleiruten und gerissene Lötstellen überarbeitet sowie Haltekonstruktionen und Windeisen gerichtet. Dann wird die alte Schutzverglasung aus sogenanntem Gartenglas durch eine neue Schutzverglasung aus hochwertigerem Glas ersetzt, dem so genannten Goetheglas. Zugleich reinigt und restauriert eine Metallrestauratorin die Quereisen und Anker sowie die an der Außenseite vorgesetzten Schutzgitter aus Kupferdrahtgeflecht. Die Arbeiten an der Chorfassade sollen mindestens vier Jahre dauern. Allein die Kosten für die Aufträge an externe Experten und Fachfirmen zur Restaurierung der Chorfassade umfassen zehn Millionen Euro. Ohne Zuschüsse des Landes, des Münsterbauvereins sowie der evangelischen Gesamtkirchengemeinde, der evangelischen Landeskirche und des Bundes ist solch ein Kulturgut von europäischem Rang nicht zu restaurieren. Aber ohne das Engagement der Ulmer Bürger erst recht nicht.

Die Chorfassade hätte längst restauriert sein sollen, wie Ingrid Helm-Rommel erzählt: »Doch es sollte anders kommen. Während des strengen Winters 1996/97 wurden wir mit schlagartig auftretenden Schäden am südlichen Chorturm konfrontiert. Mit Schäden in einem derartigen Ausmaß hatte aber damals niemand gerechnet. Es musste unverzüglich die Notsicherung eingeleitet werden. Und dann kam nach den ersten Überprüfungen die große Ernüchterung. Der zum Teil bis in den

Kern schlechte Zustand des Chorturms verlangte nach einer umfassenden und gründlichen Restaurierung – ohne Aufschub! Es war schon gleich klar, dass er ein großes Restaurierungsobjekt werden würde. So dauerten alleine die Arbeiten zur Erstellung eines Restaurierungskonzeptes, all die einzelnen Maßnahmen und Untersuchungen drei Jahre. Und die eigentliche Restaurierung umfasste eine Zeitspanne von zehn Jahren!«

Die Arbeiten sind unter anderem auch deshalb relativ schwierig, weil es am Münster Bauabschnitte aus dem 14. und 15. Jahrhundert und dann wieder aus dem 19. Jahrhundert gibt. In diesen unterschiedlichen Zeiten haben die Baumeister unterschiedlich gearbeitet und unterschiedliche Steine verwendet. »Das heißt«, sagt Frau Helm-Rommel, »Experten mussten zuerst genau feststellen, welche Steinarten verbaut worden sind und wo diese herkamen. Wir konnten uns nicht auf die historischen und die heutigen Abbaugebiete um Ulm beschränken, sondern wir mussten weit darüber hinaus nach Ersatzmaterial suchen. Am Ergebnis der Kartierung jedenfalls kann jeder ermessen, wie unendlich schwierig die Arbeiten hier sind, wie sorgfältig wir aber auch arbeiten und mit welchem Respekt wir dem Münster begegnen. Denn das Ergebnis war, dass neun unterschiedliche Steinsorten alleine für den Bau des Marienpfeilers verwendet worden sind.« Und der Marienpfeiler war ja nur ein kleiner Teil der Arbeiten am südlichen Chorturm!

Im September 2010 waren die Arbeiten am Marienpfeiler abgeschlossen und die Ulmer durften ihr Münster in diesem Teil wieder in Besitz nehmen. Man hatte gebraucht: Eine Münsterbaumeisterin, zwei Hüttenmeister, elf Steinmetze, 9,1 Millionen Euro (ohne die Kosten für den normalen Bauerhalt), einen Schreiner, fünf Auszubildende, sechs Restauratoren, elf Jahre, 474 Werkstücke, dreizehn Projektkräfte, 97 Tonnen Kompressen-Material für die Entsalzung und 302 Vierungen.

Respekt vor der Arbeit der Münsterbauhütte und insbesondere ihrer langjährigen Meisterin! ■

Sit-in am Münsterplatz mit Blick auf den höchsten Kirchturm der Welt.

Das Steiff Museum

Wer es nicht mit eigenen Augen gesehen hat, wird es wohl kaum glauben. Aber es gibt hier tatsächlich eine eigene »Teddybärklinik und Spa.« Die Klinik ist sogar in einem besonders schönen alten Haus untergebracht. Hier kann jeder Teddy runderneuert werden: Gesichtsbehandlung, sanfte Mottenbehandlung, Maniküre und »complete Body-Wellness«. Oder Stimmentausch. Hier werden Augen oder Gesichtskonturen erneuert, Nähte und Krallen gesäubert, die Brummstimme auf die richtige Tonhöhe gebracht und die Nase garniert. Teddys sind vielgeliebte Tiere, oftmals ein ganzes Leben lang, da können sie manchmal schon eine Auffrischung vertragen.

Königin der Löwen: Ein Raubtier zum Streicheln fasziniert kleine Kinder.

Gegenüberliegende Seite: das Steiff Museum – moderne Architektur für den Teddy.

Wir sind hier in der Hauptstadt des Teddybären, in Giengen an der Brenz. Hier ist Margarete Steiff geboren worden, hier ist sie begraben und nirgends anders als in Giengen können die Teddys mit dem Knopf im Ohr hergestellt werden. Wo denn auch sonst? Wie Stuttgart mit den Namen Mercedes und Porsche untrennbar verbunden ist, so sind Giengen und der Teddy nicht voneinander zu trennen. Margarete Steiff hatte einen hohen Qualitätsanspruch: »Für Kinder ist nur das Beste gut genug!« Und dieser Anspruch gilt bis auf den heutigen Tag. Nur so entstehen Weltmarken, und der »Steiff Teddybär« gehört zu den Marken, die auf der ganzen Welt ihren guten Klang haben. Deshalb kommen allein in einem Monat rund 125 Gruppen aus Japan zu Besuch.

Das Museum selbst wird erst einmal von außen als eine ganz und gar einmalige Skulptur wahrgenommen, ein runder Bau, mit Messing verkleidet, bronzefarben: Alles soll an den Knopf erinnern, den die Steiff Tiere als Schutz vor Plagiaten und zur Wiederkennung tragen. Betritt man das Haus, kommt der Besucher vor eine Wohnstube, in der eine Nähmaschine steht. Hier hat Margarete Steiff, die wegen ihrer Kinderlähmung im Rollstuhl sitzen musste, gearbeitet. »Ich war immer ein fröhliches Kind, am liebsten war ich in der Nähschule«, erzählt Margarete. So hat sie Kleider für Kinder genäht. Ihr erstes Tier war ein Elefant, der als Nadelkissen gedient hat.

Ihr Neffe Richard Steiff hat den ersten Bären zusammengebastelt, der Name »Teddybär« stammt ebenfalls von Richard, er übernahm ihn vom Spitznamen »Teddy« des damaligen US-Präsidenten Theodore Roosevelt. Es lohnt, die Geschichte zu erzählen: Theodore Roosevelt war ein begeisterter Bärenjäger. Einmal war er tagelang erfolglos in Mississippi unterwegs gewesen. Schließlich stieß

einer seiner Jagdhelfer doch auf einen eher kleinen Bären (235 Pfund, etwas mehr als zwei Zentner), und der Helfer band diesen kleinen Kerl an einen Baum und gab ihn Roosevelt zum Abschuss frei. Roosevelt allerdings weigerte sich, auf diese eines echten Jägers unwürdige Weise zu einer Jagdbeute zu kommen und verzichtete darauf, den kleinen Bären zu erschießen. Diese Geschichte wiederum beflügelte den Karikaturisten Clifford Berryman von der »Washington Post«. Er zeichnete den Bären in einer Karikatur als rundes und niedliches Tier. Seine Karikatur erschien am 16. November 1902 auf der Titelseite der Washington Post mit dem Text: »Drawing The Line In Mississippi.« Die Leser schlossen den Bären ins Herz und wollten mehr davon sehen. Berryman zeichnete den Bären in den folgenden Karikaturen immer noch kleiner, noch runder und noch niedlicher und brachte ihn auf jeder Zeichnung mit dem Präsidenten Roosevelt unter. Da im Amerikanischen der Kurzname für Theodore »Teddy« ist, hieß das niedliche Bärchen bei den Lesern schnell »Teddy's Bear« und wurde schließlich endgültig zum »Teddy Bear«. Zufällig hatte in diesem Winter das deutsche Unternehmen Steiff mit der Produktion von kleinen Bären mit beweglichen Gelenken und einem Knopf im Ohr begonnen, von denen das New Yorker Unternehmen F.A.O. Schwarz 3000 Stück bestellte. Aus dem »Teddy Bear« wurde schnell der »Teddybär«. Und es begann sein weltweiter Siegeszug.

Das Museum greift die damalige Bestellung der 3000 Teddys auf. Fährt man mit dem Aufzug hinauf, so stößt man auf »Knopf« und »Frieda«. Diese beiden machen sich auf eine lange Reise durch die ganze Welt. Denn die 3000 in New York bestellten Tiere sind verschwunden. Sie sind auf dem Trans-

Die fabelhafte Welt der Tiere: im Steiff Museum in Giengen.

port nach Amerika verloren gegangen, sie waren auf der »Teddytanic« untergebracht worden, die Besucher reisen mit »Knopf« und »Frieda« mit, um die verschollenen Teddys zu suchen. Sie kommen durch die Meere auf fremde Kontinente, sie sehen Teddys, die in allen Sprachen dieser Welt sprechen, bis hin zur chinesischen Begrüßung »Ni hao«. Schließlich erkennt der Besucher, dass die vermissten Teddys nicht untergegangen sind, sondern dass jeder der 3000 Bären irgendwo auf der Welt einen Freund fürs Leben gefunden hat. Und so singen alle mit den Teddys mit: »Wir sind Freunde fürs Leben – es kann nichts Schöneres geben.« Wie wahr und schön!

In der riesigen Großtierwelt können sich Kinder und Erwachsene nach der langen Reise auf Elefanten setzen, sie können die Tiere streicheln, es gibt kaum ein Tier auf dieser Welt, das hier nicht als Plüschfigur herumsteht. Einmal mit Gorillas kuscheln! Dromedare, Esel, Löwen – es ist auch für die Großen dieser Welt ein unvergessliches Erlebnis, in die Steiff Welt einzutauchen und sich einen Tag verzaubern zu lassen. Eine 15 Meter lange Röhrenrutsche schlängelt sich in Form einer gigantischen Schlange – die größte Steiff Schlange der Welt! – aus dem zweiten Obergeschoss hinunter in das erste. Sie ist 800 kg schwer und hat einen Durchmesser von 80 Zentimetern. 60 Quadratmeter Mohair wurden für ihre Umhüllung verarbeitet. Ein Erlebnis für Groß und Klein. Und wen es interessiert, wie Teddys und andere Tiere entstehen, der kann bei der Schauproduktion jeden einzelnen Schritt der Herstellung beobachten. Für Millionen Menschen auf der ganzen Welt sind diese Teddys Wesen mit Herz und Seele, Begleiter fürs ganze Leben.

Freunde eben! ■

Bruder Wolfgang hütet die Klosterbibliothek.

Gegenüberliegende Seite: In der Abtei Neresheim leben nur noch wenige Mönche.

Raue, karge Ostalb! Kaum Menschen, ewige Kälte, keine Kultur! So heißt es oft. Aber in Wahrheit gibt es kaum eine schönere Klosteranlage in ganz Europa als die Abtei Neresheim auf der Ostalb. Auf dem Ulrichsberg gelegen, zieht sie jeden Besucher geradezu magisch an. Das vollständig erhaltene Ensemble der Gebäude rund um die Kirche prägt sich ebenso ins Herz ein wie die Gesänge der Mönche und die sieben Kuppelfresken von Martin Knoller, einem Künstler von europäischem Rang.

Der Ulrichsberg befindet sich auf dem Härtsfeld, einer Karsthochfläche des weißen Juras. Natur pur, imposante Ausblicke und eine seltene Pflanzenwelt – von Orchideen bis hin zum Wahrzeichen der Schwäbischen Alb, der Silberdistel. Ein ideales Gebiet für Wanderausflüge. Aber das Härtsfeld ist mehr, es ist auch eine geschichtlich bedeutsame Region.

Wer aus dem Ort zum Kloster Neresheim auf den Berg wandert, dem rate ich, erst einmal zu entspannen und die Kirche und das Klosterleben nach und nach zu erobern, sei es alleine, sei es mit der Familie und Kindern. Es ist ein unvergessliches Erlebnis, sich auf den Weg zu machen, ein europäisches Kulturdenkmal zu begreifen, ein Denkmal, das lebt und hoffentlich noch lange leben wird. Deshalb empfehle ich im Herbst die Kirchweih auf dem Ulrichsberg zu besuchen. Da herrscht keine weihevolle Stimmung, da wird nicht gelobt, gesungen, gepredigt. Nein, es warten die Gerichte auf den Besucher, die hier zur Gegend gehören wie Neresheim zur Ostalb. Die Gerichte stammen auch nicht von Sterneköchen, sie sind nicht verfeinert und so kultiviert, bis man nicht mehr weiß, woraus das Mahl eigentlich besteht. Auf der Kirchweih auf dem Ulrichsberg gibt es wunderbare Kesselsuppe, es gibt große Schlachtplatten, es gibt Blut- und Leberwurst, wie ich sie von früher kannte und liebte. Und Enten, Lammbraten, selbst gemachte Hefeknöpfle und und und.

Um zwölf Uhr läutet die Glocke zum Gebet. Unter der Woche kann man das Glück haben, die Kirche zu betreten und festzustellen, dass man ganz alleine ist in dem wunderbaren weißen Kirchenschiff mit seinen goldenen Farben und gelben Blumen.

Der letzte große Barockbau in Mitteleuropa ist zugleich der eindrucksvollste, hier ist nichts überladen, die Kirche ist 1966 bis 1979 von Grund auf renoviert worden. Sie wirkt wie neu gebaut. Kaum vorstellbar, dass sie damals wegen Einsturzgefahr geschlossen werden musste. Aber es erfordert noch große Kraftanstrengungen der Freunde des Klosters, das gesamte Ensemble in denselben renovierten Zustand zu bringen wie die Kirche.

Plötzlich gehen vor dem Altar Türen auf, schwarzgekleidete Mönche mit silbernen Haaren kommen schweigend, begeben sich zum Chorgestühl und fangen an zu beten. Es sind nur wenige Mönche, aber die Stimmen hallen kräftig durch die ganze Kirche. Ein Text aus dem ersten Johannesbrief, Kapitel 4, wird verlesen. Es folgt ein Sprechgesang mit Fragen und Antworten, ein Mönch steht vor dem Altar am Ambo, die anderen sitzen auf ihren Bänken. Die Mönche sind in Andacht, Gebet und Meditation versunken. Es ist die so genannte Mittagshore, ein Psalmengesang. Die Atmosphäre ist unglaublich ruhig und entspannt. Nach dem kurzen Gottesdienst verlassen die Mönche die Kirche, es herrscht eine fruchtbare Stille.

Die Sonne setzt sich gegen den herbstlichen Nebel erst mittags durch und es öffnet sich eine weite Aussicht über das Härtsfeld, ein herrlicher Anblick. Ein weißhaariger Mönch geleitet mich zum langjährigen Abt Norbert, der mich in einem kleinen Besprechungszimmer im Konventgebäude empfängt. Abt Norbert war jahrzehntelang Abt in Neresheim, bis er die bei den Benediktinern übliche Altersgrenze von 70 Jahren erreicht hatte und aus dem Amt ausschied. Der Geistliche ist in der Region auch jetzt noch eine Institution.

Norbert Stoffels ist ein gebildeter Mönch mit einem vielfältigen Wissen über das Härtsfeld, »sein« Kloster, über Gott und die Welt. Er erzählt mit ruhiger Stimme von der uralten Geschichte des Ulrichberges: »Hier waren immer Menschen, Römer, Alemannen, vor mehr als 900 Jahren ist

eine Burg zu einem Kloster umgewandelt worden, das nach einer wechselvollen Geschichte bis heute existiert. Seit fast 100 Jahren ist das Kloster jedenfalls wieder im Besitz der Benediktiner, damals hat der Besitzer, ein Fürst von Thurn und Taxis, das Kloster zusammen mit dem dazugehörigen Land dem Orden zurückgegeben.«

Die erste Hauptaufgabe der Mönche ist ein feierlicher Gottesdienst, den sie fünfmal am Tag feiern. Der erste beginnt um fünf Uhr, dauert eine Stunde, der letzte fängt um 19.30 Uhr an. »Unser Gebetbuch ist älter als das Christentum, denn es sind die Psalmen des Alten Testaments, die wir benutzen. Die Lieder und Gebete sind jahrhundertelang gewachsen. Aber es gab auch weltliche Aufgaben. Früher hatten wir eine landwirtschaftliche Schule, jetzt ist sie geschlossen, der Trakt zu einem Tagungshaus umgebaut worden. Und wir führen kunstbegeisterte Touristen aus aller Welt durch die Kirche.«

Zu Voith, zu Steiff, zu Zeiss kommen Gäste aus aller Welt, insbesondere aus Japan und China, und alle Besucher wollen auch das lebendige Kloster sehen, als europäisches Kulturgut. Kein Wunder, dass der Geistliche in der Region mit ihren Weltfirmen ein gefragter Gesprächspartner ist. Auch die Mönche beteiligen sich, wenn gewünscht, an Seminaren, an Begegnungen zwischen Alten und Jungen und machen immer wieder Führungen. »Die Menschen aus aller Welt wollen wissen, was hier geschieht.« So sind alle Mitbrüder wie er selbst voll beschäftigt, obwohl die meisten im Seniorenalter sind. Sie arbeiten seelsorgerlich, praktisch in der Verwaltung und auch wissenschaftlich. Etwas traurig fügt Nobert hinzu: »Wir sind dreizehn Benediktiner hier, wir sind ganz schön am Strampeln, wir bräuchten doppelt so viele Brüder für unsere Arbeit.« Auf meine Frage, ob das Kloster eine Zukunft habe, sagt der Benediktiner: »Das werden wir sehen; ein Volk, das keine Kinder mehr hat, hat keine Zukunft. Unsere Kultur ist hier gewachsen, da passen auch keine Benediktiner aus anderen Erdteilen hinein. Viele Freunde des Klosters sind wie auch viele Industriebetriebe stark daran interessiert, dass das Kloster lebt und nicht zum toten Museum wird. Aber es kommt kaum Nachwuchs.« Norbert war 22 Jahre in Neresheim, dann haben ihn die Brüder zum Abt gewählt, ein Amt, das er 34 Jahre lang ausgeübt hat. Auch im Alter bleibt er im Kloster Neresheim. »Wir bleiben alle ein Leben lang im selben Kloster. Denn mit dem Kloster ist es wie mit dem Heiraten! Man muss sich entscheiden und dann mehrere Probezeiten durchlaufen, bis man selbst reif ist für eine lebenslange Bindung an das Kloster und bis man von der großen Mehrheit der anderen Brüder aufgenommen wird.« Der letzte Neuzugang im Kloster war vor rund zwanzig Jahren zu verzeichnen.

Die Regel des Benedikt von Nursia aus dem Jahr 529 gilt heute noch: Beten und Arbeiten. »Latein ist für uns selbstverständlich, das macht es jungen Menschen heute schwer, zu uns zu kommen. Wir brauchen aber Latein für unsere Liturgie. Jahrhundertealte Traditionen wollen wir nicht wegkippen.« Jedes Kloster ist weitgehend selbstständig und macht in eigener Verantwortung alles, was es kann, erst dann springt die Ordensgemeinschaft ein. »Wir halten nichts von Zentralismus, alle vier Jahre tagt unser Ordensparlament in Rom, da fahre ich regelmäßig hin. Wir sind hier für die Menschen da, die zu uns kommen.« Weltweit gibt es immerhin rund 8000 Benediktiner!

Der ehemalige Abt steht mit beiden Beinen auf dem Boden der Ostalb, er ist Realist, er ist gefragter Ratgeber für viele Menschen und auch Firmen: »Jeder hat sein Leben, vieles kommt, wie es kommt, es kommt am Ende darauf an, dass ich mich dem Leben stelle. Viele wollen ausweichen, ich möchte aber ein selbstverantwortetes Leben führen.« Im Übrigen lässt er sich nicht fotografieren. »Die Kirche steht im Mittelpunkt, nicht ich.«

Ein weiser Mann. Und ein zu Herzen gehender Besuch. ■

Gegenüberliegende Seite: In der Klosterkirche von Neresheim entfaltet sich barocke Pracht.

Genussvolles von der Schwäbischen Alb

In Ihrer Buchhandlung

Jürgen Autenrieth
Annegret Müller-Bächtle
Alexander Schulz
Rainer Fieselmann

So schmeckt die Alb

Kochen mit feinen Zutaten aus dem Biosphärengebiet

Käse aus Büffelmilch, Bachforellen, Alblinsen und Weidegänse, das sind die Zutaten für die köstlichen Rezepte, die einem schon beim Anschauen das Wasser im Mund zusammenlaufen lassen – so phantastisch kann sie schmecken, die Schwäbische Alb. Annegret Müller-Bächtle, Alexander Schulz und Jürgen Autenrieth sind jahrein, jahraus im »Biosphärengebiet Schwäbische Alb« unterwegs, um die besten Produkte der heimischen Hersteller, die aromatischsten und gesündesten Kräuter und Früchte aufzustöbern.

152 Seiten, 130 Farbfotos, fester Einband.
ISBN 978-3-8425-1195-8

Jürgen Autenrieth
Annegret Müller-Bächtle
Rainer Fieselmann

Bärlauch, Salbei, Gundermann

Kochen mit Wildkräutern der Schwäbischen Alb

Hirtentäschel, Giersch, Wiesenbocksbart und Sauerampfer – das sind nur einige der vielen Kräuter, die das Jahr über wild auf dem schwäbischen Hausgebirge sprießen und gedeihen. Die Heilpraktikerin Annegret Müller-Bächtle und der Münsinger Koch und Gastronom Jürgen Autenrieth haben die wohlschmeckendsten und gesündesten Wildkräuter gesammelt und in der Küche zu köstlichen Gerichten verarbeitet. Ein opulentes Kochbuch, das Lust darauf macht, die Wildkräuter der Schwäbischen Alb zu entdecken.

Mit einem Geleitwort von Roman Lenz.
160 Seiten, 133 Farbaufnahmen, fester Einband.
ISBN 978-3-87407-864-1

Silberburg-Verlag
www.silberburg.de